二十一世纪普通高等教育人才培养"十三五"系列规划教材
ERSHIYI SHIJI PUTONG GAODENG JIAOYU RENCAI PEIYANG SHISANWU XILIE GUIHUA JIAOCAI

# 会计分岗位
# 模拟实训（第三版）

主　编○李　焱
副主编○陈　晖　邓　倩　胡启智

西南财经大学出版社
Southwestern University of Finance & Economics Press
中国·成都

图书在版编目(CIP)数据

会计分岗位模拟实训/李焱主编 . — 3 版. —成都:西南财经大学出版社,
2019.7

ISBN 978-7-5504-4037-1

Ⅰ.①会… Ⅱ.①李… Ⅲ.①会计实务 Ⅳ.①F23

中国版本图书馆 CIP 数据核字(2019)第 154018 号

**会计分岗位模拟实训(第三版)**

主 编:李 焱
副主编:陈 晖 邓 倩 胡启智

责任编辑:李晓嵩
责任校对:田园
封面设计:何东琳设计工作室
责任印制:朱曼丽

| | |
|---|---|
| 出版发行 | 西南财经大学出版社(四川省成都市光华村街 55 号) |
| 网 址 | http://www.bookcj.com |
| 电子邮件 | bookcj@ foxmail.com |
| 邮政编码 | 610074 |
| 电 话 | 028-87353785 |
| 照 排 | 四川胜翔数码印务设计有限公司 |
| 印 刷 | 郫县犀浦印刷厂 |
| 成品尺寸 | 185mm×260mm |
| 印 张 | 18.75 |
| 字 数 | 415 千字 |
| 版 次 | 2019 年 7 月第 3 版 |
| 印 次 | 2019 年 7 月第 1 次印刷 |
| 印 数 | 1— 3000 册 |
| 书 号 | ISBN 978-7-5504-4037-1 |
| 定 价 | 39.80 元 |

# 第三版前言

目前，国内多数高等院校都设有与财会相关的专业，并且财会类专业每年招生人数还比较多，但并不是每一所高等院校都能够为学生提供真正的财会工作岗位顶岗实习的机会。从总体上来讲，财会专业学生能够真正到各种类型的企事业单位进行实际财会工作岗位实习的机会还是比较少的，因此如果财会专业的毕业生没有参与校内实训，走上工作岗位后在短时间内是很难胜任企业的财会工作的。为了解决财会专业学生校外实习、实训难等问题，使学生们练好"内功"，提高财会专业知识综合技能，为今后更好、更快地适应财会工作岗位的需要，提高就业能力和就业质量，我们专门编写了本书。

本书在编写过程中主要体现了以下四个方面的特色：

第一，着力提高学生审核各种各样原始凭证的能力。

一方面，本书尽可能地提供与日常会计业务相关的各种各样的原始凭证，这些凭证在形式上与真实的凭证是一样的；另一方面，本书对每一项会计业务的处理基本没有任何文字性语言提示，与课堂会计教学有着本质上的区别，但与实际会计业务处理却非常相似。这样不仅有利于提高学生正确识别各种各样的会计原始凭证的能力，而且更有利于提高学生根据原始凭证进行正确会计业务处理的能力。

第二，着力体现了"工学结合"的教育理念。

本书根据企业会计工作岗位的技能要求，按企业的实际经济业务划分为资金岗位、固定资产岗位、存货及应付岗位、销售及应收岗位、应付职工薪酬岗位、税务会计岗位、会计报表岗位等会计工作岗位，辅之以各种各样的原始凭证，让学生们清楚地知道在企业实际会计工作中具体有哪些工作岗位，以及每一个会计工作岗位要求合格的从业人员应具备的具体工作技能是什么，使学生们努力在校内实训中做到"学中做，做中学"。本书力求营造一个真实的会计工作环境，努力达到"工学结合"的良好效果。

第三，着力体现"以工作项目驱动教学任务"的教育理念。

本书根据企业财务实际工作情况的具体要求，将企业全部会计工作任务划分为资金岗位、固定资产岗位、存货及应付岗位、销售及应收岗位、应付职工薪酬岗位、税务会计岗位、会计报表岗位，让学生通过不断地完成每一个具体的工作项目，不断积累财会专业知识。本书既体现教学任务的渐进性、层次性等特点，又体现"以工作项目驱动教学任务"的教育理念。

第四，着力提高学生手工做账的实践动手能力。

本书中的每一个会计工作岗位都要求学生能够正确地审核各种各样的原始凭证，编制记账凭证，根据记账凭证登记相关的日记账、明细账、总账。在会计报表工作岗位中，不仅要求学生能够完成全部工作任务，而且要求学生独立试算会计科目汇总表、编制会计报表，让学生模拟真实企业会计手工做账的全过程，从而克服了大多数学生眼高手低的毛病，大大提高了学生们的动手能力，增强他们未来走向社会工作岗位的适应能力，对于提高他们的就业水平和就业质量有着很大的帮助。

本书结合 2019 年 4 月 1 日最新税法政策修订，适用于会计相关专业学生及期望从事会计工作的初学者，特别适用于会计相关专业开设财务会计课程使用，也可以单独作为会计相关专业手工实训教材使用。

本书由李焱负责整体策划，并负责编写项目六 税务会计工作岗位实训、项目七 会计报表工作岗位实训；陈晖负责编写项目一 资金岗位实训、项目二 固定资产岗位实训；邓倩负责编写项目四 销售及应收岗位实训、项目五 应付职工薪酬岗位实训；胡启智负责编写项目三 存货及应付岗位实训。

由于编者自身水平有限，本书中难免会出现错误与不足，我们衷心倾听本书读者及使用者的建议和批评。编者联系邮箱：liyan5903@126.com。

编者

2019 年 6 月于广州

# 目 录

# 项目一　资金岗位实训

## 一、实训目的

1. 通过本实训，学生能够正确处理与库存现金、银行存款、其他货币资金相关的经济业务。

2. 通过本实训，学生能够正确登记库存现金、银行存款日记账。

3. 通过本实训，学生能够正确编制银行存款余额调节表。

## 二、实训内容

1. 广东珠江股份有限公司 2019 年 12 月 1 日库存现金的期初余额是 40 000.00 元，银行存款的期初余额是 500 000.00 元。

2. 本月发生以下经济业务（经济业务涉及凭证参见图 1-1~图 1-43）：

（1）

**借支单**

部门（个人）：人力资源部　　　　2019 年 12 月 2 日

| 借款人 | 张华 |
| --- | --- |
| 借款事由 | 出差 |
| 人民币（大写） | 伍仟元整　小写：￥：5 000.00 |
| 领导审批 | 现金付讫 |

借款人：张 华　　　　财务经理：李中华　　　　总经理：刘 强

图 1-1

（2）

中国工商银行支票

| 中国工商银行支票存根 | 出票人日期：（大写）贰零壹玖年壹拾贰月零贰日 |
| --- | --- |
| ××× | 付款行名称：工行天河支行 |
| 附加信息 | 收款人：广州好邻居超市　　　出票人账号 123456780 |
| 购货 | |

人民币（大写）壹仟伍佰捌拾贰元整

| 百 | 十 | 万 | 千 | 百 | 十 | 元 | 角 | 分 |
| --- | --- | --- | --- | --- | --- | --- | --- | --- |
| | | | 1 | 5 | 8 | 2 | 0 | 0 |

| 出票日期　年　月　日 | 用途：上列款项请从我账户支付　出票人签章 | 广东珠江股份有限公司财务专用章 | 刘强 |
| --- | --- | --- | --- |
| 收款人 | | | |
| 金额 | | | |
| 用途 | | | 复核　记账 |
| 单位主管 | | | |
| 会计 | | | |

图 1-2

广东省增值税专用发票　　　NO. ×××

发票联　　　开票时间：2019 年 12 月 2 日

| 购货单位 | 名称：广东珠江股份有限公司<br>纳税人识别号：420601078932836<br>地址、电话：广州市金穗路 8 号　86990231<br>开户行及账号：工行天河支行 123456780 | 密码区 | | |
| --- | --- | --- | --- | --- |

| 货物或应税劳务名称 | 规格型号 | 单位 | 数量 | 单价 | 金额 | 税率 | 税额 |
| --- | --- | --- | --- | --- | --- | --- | --- |
| 打印纸 | WY-1 | 箱 | 10.00 | 140.00 | 1 400.00 | 13% | 182.00 |
| 合计 | | | | | 1 400.00 | | 182.00 |

价税合计（大写）：壹仟伍佰捌拾贰元整　　　（小写）1 582.00

| 销货单位 | 名称：广州好邻居超市<br>纳税人识号：54620135476012<br>地址、电话：广州大石路 134 号 87695412<br>开户行及账号：建行大石支行 789654120546 | 备注 |
| --- | --- | --- |

收款人：王 红　　复核：××　　开票人：蒋 丽

广州好邻居超市 54620135476012 发票专用章

图 1-3

3

打印纸费用分配表

| 序号 | 部门 | 数量 | 计量单位 | 单价 | 金额（元） | 签字 |
|---|---|---|---|---|---|---|
| 1 | 财务部 | 1 | 箱 | 140.00 | 140.00 | |
| 2 | 生产车间 | 3 | 箱 | 140.00 | 420.00 | |
| 3 | 总经理办 | 2 | 箱 | 140.00 | 280.00 | |
| 4 | 销售部 | 4 | 箱 | 140.00 | 560.00 | |
| | 合计 | | | | 1 400.00 | |

制表：王小丽　　　　　　　　　　　　审核：毛 伟

图 1-4

（3）

广东省增值税专用发票　　　NO. ×××

发票联　　　开票时间：2019 年 12 月 1 日

| 购货单位 | 名称：上海环球制造有限公司<br>纳税人识别号：536401208195<br>地址、电话：上海北京路 168 号<br>开户行及账号：工行北京支行 589421012 | 密码区 | |
|---|---|---|---|

| 货物或应税劳务名称 | 规格型号 | 单位 | 数量 | 单价 | 金额 | 税率 | 税额 |
|---|---|---|---|---|---|---|---|
| 甲产品 | A-1 | 个 | 500.00 | 120.00 | 60 000.00 | 13% | 7 800.00 |
| 合计 | | | | | 60 000.00 | | 7 800.00 |

价税合计（大写）：陆万柒仟捌佰元整　　（小写）67 800.00

| 销货单位 | 名称：广东珠江股份有限公司<br>纳税人识别号：42060107893283<br>地址、电话：广州市金穗路 8 号　86990231<br>开户行及账号：工行天河支行 123456780 | 备注 |
|---|---|---|

收款人：郭 华　　复核：××　　开票人：王小丽

图 1-5

## 广东珠江公司出库单

部门：销售部　　　　用途：产品销售　　　　时间：　　　　单号：

| 名称 | 规格 | 计量单位 | 数量 | 单价 | 总额 | 备注 |
|------|------|---------|------|------|------|------|
| 甲产品 | A-1 | 个 | 500.00 | 80.00 | | |
| | | | | | | |
| | | | | | | |
| | | | | | | |
| | | | | | | |
| 合计 | | | 500.00 | | 40 000.00 | |

制表：孙涛　　PMC：姜科　　物料经理：程刚　　财务经理：李中华

图 1-6

## 信汇凭证
### 中国工商银行信汇凭证（回单）
2019 年 12 月 5 日　　　　　　　　　　　　第××号

| | 全称 | 广东珠江股份有限公司 | | | | 全称 | 上海环球制造有限公司 | | | | | | | |
|--|------|---------------------|--|--|--|------|---------------------|--|--|--|--|--|--|--|
| 收款人 | 账号 | 123456780 | | | | 汇款人 | 账号 | 58942中国工商银行上海杨浦支行 | | | | | | |
| | 汇入地点 | 广州 | 汇入行 | 工行 | | | 汇出地点 | 上海 2019.12.15 | | 工行 | | | | |

| | 金额 | （大写）陆万柒仟捌佰元整 | 百 | 十 | 万 | 千 | 百 | 转讫 | 元 | 角 | 分 |
|--|------|------|--|--|--|--|--|--|--|--|--|
| | | | | | 6 | 7 | 8 | 0 | 0 | 0 | 0 |

汇款用途：　　　　　　　　　　　　汇出行盖章

单位主管：　会计：　记账：　复核　　　　　　　年 月 日

图 1-7

（4）

广东省增值税普通发票　　　　NO. ×××

发票联　　　　　　开票时间：2019 年 12 月 6 日

| 购货单位 | 名称：广东珠江股份有限公司<br>纳税人识别号：420601078932836<br>地址、电话：广州市金穗路 8 号　86990231<br>开户行及账号：工行天河支行 123456780 | | | | | 密码区 | | |
|---|---|---|---|---|---|---|---|---|
| 货物或应税<br>劳务名称 | 规格型号 | 单位 | 数量 | 单价 | 金额 | 税率 | 税额 |
| 11 月电话<br>通话费 | | 分钟 | 18 468.5 | 0.12 | 2 216.22 | 9% | 199.46 |
| 合计 | | | | | 2 216.22 | | 199.46 |
| 价税合计（大写）：贰仟肆佰壹拾伍元陆角捌分　　　　　（小写）2 415.68 元 | | | | | | | |
| 销货单位 | 名称：中国电信广州分公司<br>纳税人识号：42060107893987<br>地址、电话：广州市东川路 18 号 86991120<br>开户行及账号：农行越秀支行 32145678012 | | | | | 备注 | |

收款人：××　　　　复核：××　　　　开票人：××　　　销货单位 发票专用章

中国电信广州分公司
4206010789398 7
发票专用章

图 1-8

中国工商银行支票

| 中国工商银行支票存根<br>×××<br><br>附加信息<br><br>付电话费 | 出票人日期：（大写）贰零壹玖年壹拾贰月零陆日<br>付款行名称：工行天河支行<br>收款人：中国电信股份有限公司广州分公司　出票人账号 123456780 | | | | | | | | | |
|---|---|---|---|---|---|---|---|---|---|---|
| | 人民币（大写）贰仟肆佰壹拾伍元陆<br>角捌分 | 百 | 十 | 万 | 千 | 百 | 十 | 元 | 角 | 分 |
| | | | | | 2 | 4 | 1 | 5 | 6 | 8 |
| 出票日期　年　月　日<br>收款人<br>金额<br>用途<br>单位主管<br>会计 | 用途：<br>上列款项请从<br>我账户支付<br>出票人签章 | | | | | | | | | |

广东珠江股份有限公司财务专用章

刘 强

复核　记账

图 1-9

11 月电话费用分配表

| 序号 | 部门 | 电话号码 | 分配金额（元） | 签字 |
|------|------|----------|----------------|------|
| 1 | 财务部 | 89745632，89745633 | 222.44 | |
| 2 | 生产车间 | 89745634，89745635 | 623.78 | |
| 3 | 总经理办公室 | 89745636 | 125.85 | |
| 4 | 销售部 | 89745637，89745638，89745639 | 1 443.61 | |
| | 合计 | | 2 415.68 | |

制表：王小丽　　　　　　　　　　　　　　　审核：毛　伟

图 1-10

（5）

广东省增值税普通发票　　　　NO.×××<br>发票联　　　　　　　开票时间：2019 年 12 月 8 日

| 购货单位 | 名称：广东珠江股份有限公司<br>纳税人识别号：420601078932836<br>地址、电话：广州市金穗路 8 号　86990231<br>开户行及账号：工行天河支行 123456780 | | | | | 密码区 | | |
|------|------|------|------|------|------|------|------|------|
| 货物或应税劳务名称 | 规格型号 | 单位 | 数量 | 单价 | 金额 | 税率 | 税额 |
| 12 月物业管理费 | | 平方米 | 500 | 2.83 | 1 415.09 | 6% | 84.91 |
| 合计 | | | | | 1 415.09 | | 84.91 |
| 价税合计（大写）：壹仟伍佰元整　　　　（小写）1 500.00 元 | | | | | | | |
| 销货单位 | 名称：广州建丽物业管理有限公司<br>纳税人识别号：42060107854890<br>地址、电话：广州市天源路 18 号 61192605<br>开户行及账号：农行燕塘支行 45161110102 | | | | | 备注 | | |

收款人：××　　　　复核：××　　　　开票人：××　　　　销货单位（章）

图 1-11

（注：全部由管理部门承担）

中国工商银行转账凭证

币种：CNY　　　　　　　　2019 年 12 月 10 日　　　　　　　流水号：×××

| 收款人 | 全称 | 广州建丽物业管理公司 | 付款人 | 全称 | 广东珠江股份有限公司 |
|---|---|---|---|---|---|
| | 账号 | 25498706321 | | 账号 | 123456780 |
| | 开户行 | 工行越秀支行 | | 开户行 | 工行天河支行 |
| 金额：人民币（大写）壹仟伍佰元整 | | | 人民币（小写）￥1 500.00 | | |
| 用途： | | | （银行盖章） | | |
| 制单：　　　复核： | | | | | |

（中国工商银行广州天河支行　2019.12.10　转讫）

图 1-12

（6）

广东省增值税专用发票　　　　NO. ×××

发票联　　　　　　　　开票时间：2019 年 12 月 10 日

| 购货单位 | 名称：广东珠江股份有限公司<br>纳税人识别号：420601078932836<br>地址、电话：广州市金穗路 8 号　86990231<br>开户行及账号：工行天河支行 123456780 | | | | | 密码区 | | |
|---|---|---|---|---|---|---|---|---|
| 货物或应税劳务名称 | 规格型号 | 单位 | 数量 | 单价 | 金额 | 税率 | 税额 |
| 11 月电费 | | 度 | 200 000 | 0.65 | 130 000.00 | 13% | 16 900.00 |
| 合计 | | | | | 130 000.00 | | 16 900.00 |
| 价税合计（大写）：壹拾肆万陆仟玖佰元整　　　（小写）146 900.00 | | | | | | | |
| 销货单位 | 名称：南方电网广州有限公司<br>纳税人识号：5487008123540<br>地址、电话：广州天河路 39 号<br>开户行及账号：农行天河支行 589421012 | | | | | 备注 | | |

（南方电网广州有限公司　5487008123540　发票专用章）

收款人：×××　　复核：××　　开票人：××　　销货单位（章）

图 1-13

中国工商银行转账凭证

币种：CNY                    2019 年 12 月 10 日                    流水号：×××

| 收款人 | 全称 | 南方电网广州有限公司 | 付款人 | 全称 | 广东珠江股份有限公司 |
|---|---|---|---|---|---|
| | 账号 | 589421012 | | 账号 | 123456789 |
| | 开户行 | 农行天河支行 | | 开户行 | 工行天河支行 |
| 金额：人民币（大写）壹拾肆万陆仟玖佰元整 | | | 人民币（小写）¥146900.00 | | |
| 用途： | | | （银行盖章） | | |
| 制单：        复核： | | | | | |

图 1-14

11 月电费用分配表

| 序号 | 部门 | 数量 | 计量单位 | 单价 | 金额（元） | 签字 |
|---|---|---|---|---|---|---|
| 1 | 财务部 | 1 300.00 | 度 | 0.65 | 845.00 | |
| 2 | 生产车间 | 195 000.00 | 度 | 0.65 | 126 750.00 | |
| 3 | 总经理办公室 | 2 000.00 | 度 | 0.65 | 1 300.00 | |
| 4 | 销售部 | 1 700.00 | 度 | 0.65 | 1 105.00 | |
| | 合计 | 200 000.00 | | | 130 000.00 | |

制表： 王小丽                    审核： 毛  伟

图 1-15

（7）

```
065A045175                    广州售
2019 年 12 月 2 日 13：10 开    02 车 028 号

   广州南        G2341      武汉
   GuangZhouNan           WuHan
¥495.5 元                         ┌──────────┐
限乘当日当次车                      │ 现金付讫 │
×××                              └──────────┘
4265011987××××9874
```

图 1-16

```
065A045175                    武汉售
2019 年 12 月 6 日 08：10 开    02 车 038 号

   武汉        G2341      广州南
   WuHan               GuangZhouNan
¥495.5 元                         ┌──────────┐
限乘当日当次车                      │ 现金付讫 │
×××                              └──────────┘
4265011987××××9874
```

图 1-17

广东省广州市出租汽车统一车票
**发票联**
144011370611
监督电话：87961245

此发票手写无效

电话：×××
车号：×××
日期：×××
上车：×××
下车：×××
单价：2.60 元/千米
里程：12 千米
候时：×××
金额：32.1 元

**图 1-18**

**差旅费报销单**

出差部门：人力资源部 年　月　日

| 出差人：张华 | | | | | | | 出差事由：培训 | | | | | |
|---|---|---|---|---|---|---|---|---|---|---|---|---|
| 出发 | | | 到达 | | | 交通工具 | 交通费 | | 出差补贴 | | | 其他项目 |
| 月 | 日 | 地点 | 月 | 日 | 地点 | | 单据张数 | 金额 | 天数 | 标准/天 | 金额 | 项目 | 单据张数 | 金额 |

| 出发月 | 出发日 | 出发地点 | 到达月 | 到达日 | 到达地点 | 交通工具 | 交通费单据张数 | 交通费金额 | 天数 | 标准/天 | 出差补贴金额 | 项目 | 其他单据张数 | 其他金额 |
|---|---|---|---|---|---|---|---|---|---|---|---|---|---|---|
| | | | | | | | | | 5 | 40.00 | | 住宿费 | | |
| | | | | | | | | | | | | 市内车费 | | |
| | | | | | | | | | | | | 其他 | | |
| 小计 | | | | | | | | | | | | 现金付讫 | | |
| 合计人民币（大写） | | | | | | | | | | | | | | |

报销人：张　华　会计：王小丽　部门主管：××　财务经理：李中华　总经理：刘　强

**图 1-19**

广东省增值税普通发票　　　　NO. ×××
发票联　　　　　　　　开票时间：2019 年 12 月 8 日

| 购货单位 | 名称：广东珠江股份有限公司<br>纳税人识别号：420601078932836<br>地址、电话：广州市金穗路 8 号　86990231<br>开户行及账号：工行天河支行 123456780 | | | | | 密码区 | | |
|---|---|---|---|---|---|---|---|---|
| 货物或应税<br>劳务名称 | 规格型号 | 单位 | 数量 | 单价 | 金额 | 税率 | 税额 |
| 住宿费 | | 天 | 1 | | 1 415.09 | 6% | 84.91 |
| 合计 | | | | | 1 415.09 | | 84.91 |
| 价税合计（大写）：壹仟伍佰元整　　　（小写）1 500.00 元 | | | | | | | |
| 销货单位 | 名称：武汉格兰云天大酒店　　现金付讫<br>纳税人识号：42010233114241<br>地址、电话：武汉市中山路 181 号 24769875<br>开户行及账号：农行中山路支行 3654128970 | | | | | 备注 | | |

收款人：××　　　复核：××　　　开票人：××　　　销货单位（章）发票专用章

图 1-20

（8）

广东省增值税专用发票　　　　NO. ×××
发票联　　　　　　　　开票时间：2019 年 12 月 11 日

| 购货单位 | 名称：广东珠江股份有限公司<br>纳税人识别号：420601078932836<br>地址、电话：广州市金穗路 8 号<br>开户行及账号：工行天河支行 123456780 | | | | | 密码区 | | |
|---|---|---|---|---|---|---|---|---|
| 货物或应税<br>劳务名称 | 规格型号 | 单位 | 数量 | 单价 | 金额 | 税率 | 税额 |
| A 材料 | X-1 | 个 | 500 | 80.00 | 40 000.00 | 13% | 5 200.00 |
| B 材料 | Y-1 | 个 | 1 000 | 50.00 | 50 000.00 | 13% | 6 500.00 |
| 合计 | | | | | 90 000.00 | | 11 700.00 |
| 价税合计（大写）：壹拾万壹仟柒佰元整　　　（小写）101 700.00 | | | | | | | |
| 销货单位 | 名称：广州环球有限责任公司<br>纳税人识号：42060107893284<br>地址、电话：广州市长兴路 11 号　61115436<br>开户行及账号：工行天河支行　65456313034 | | | | | 备注 | | |

收款人：××　　　复核：××　　　开票人：××　　　销货单位（章）发票专用章

图 1-21

## 入库单

2019 年 12 月 10 日 单号：×××

部门：采购部 用途：生产用料 仓库：甲

| 编号 | 名称 | 规格 | 数量 | 单价 | 总额 | 备注 |
|------|------|------|------|------|------|------|
| 0001 | A 材料 | X-1 | 500 | 80.00 | 40 000.00 | |
| 0002 | B 材料 | Y-1 | 1 000 | 50.00 | 50 000.00 | |
| | | | | | | |
| | | | | | | |
| | | | | | | |
| | | | | | | |
| 合计：玖万元整 | | | | | 90 000.00 | |

仓管员： 孙 涛 财务经理： 李中华 仓库经理： 程 刚

**图 1-22**

## 中国工商银行支票

| 中国工商银行支票存根 ××× 附加信息 购货 | 出票人日期：（大写）贰零壹玖年壹拾贰月壹拾壹日<br>付款行名称：工行天河支行<br>收款人：广州环球有限责任公司 出票人账号 123456780 | | | | | | | | | | |
|---|---|---|---|---|---|---|---|---|---|---|---|
| | | 百 | 十 | 万 | 千 | 百 | 十 | 元 | 角 | 分 |
| | 人民币（大写）壹拾万壹仟柒佰元整 | 1 | 0 | 1 | 7 | 0 | 0 | 0 | 0 | 0 |
| 出票日期 年 月 日<br>收款人<br>金额<br>用途<br>单位主管<br>会计 | 用途：<br>上列款项请从<br>我账户支付<br>出票人签章 | 广东珠江股份有限公司财务专用章 刘 强 | | | | | | 复核 记账 | | | |

**图 1-23**

（9）

### 中国工商银行业务收费凭证

币别：CNY　　　　　　　　　2019 年 12 月 20 日　　　　　　　流水号：×××

| 付款人 | | | 账号 | | 金额 |
|---|---|---|---|---|---|
| 项目名称 | 工本费 | 手续费 | 电子汇划费 | | 金额 |
| | | 256.00 | | | 256.00 |
| | | | | | |
| | | | | | |
| | | | | | |
| | | | | | |
| 金额（大写）贰佰伍拾陆元整 | | | | | 256.00 |
| 付款方式：银行划扣 | | | | | |

（中国工商银行广州天河支行 2019.12.20 转讫）

图 1-24

（10）

### 广东省增值税普通发票　　　　NO. ×××

#### 发票联　　　　　　　开票时间：2019 年 12 月 5 日

| 购货单位 | 名称：广东珠江股份有限公司<br>纳税人识别号：420601078932836<br>地址、电话：广州市金穗路 8 号　86990231<br>开户行及账号：工行天河支行 123456780 | | | | 密码区 | | |
|---|---|---|---|---|---|---|---|
| 货物或应税劳务名称 | 规格型号 | 单位 | 数量 | 单价 | 金额 | 税率 | 税额 |
| 自来水费 | | 吨 | 1 000 | 2.497 43 | 2 497.43 | 9% | 224.77 |
| 合计 | | | | | 2 497.43 | | 224.77 |
| 价税合计（大写）：贰仟柒佰贰拾贰元贰角　　　（小写）2 722.20 元 | | | | | | | |
| 销货单位 | 名称：广州自来水公司<br>纳税人识别号：4206015987456<br>地址、电话：广州市德政路 186 号 37759872<br>开户行及账号：农行德政路支行 24568790120 | | | | | 备注 | |

收款人：××　　　　复核：××　　　　开票人：××　　　　销货单位（章）

图 1-25

中国工商银行支票

| 中国工商银行支票存根<br>×××<br>附加信息<br>购货 | 出票人日期：（大写）贰零壹玖年壹拾贰月贰拾伍 日<br>付款行名称：工行天河支行<br>收款人：广州自来水公司　　　　出票人账号 123456780 | | | | | | | | |
|---|---|---|---|---|---|---|---|---|---|
| | 人民币（大写）贰仟柒佰贰拾贰元贰角 | 百 | 十 | 万 | 千 | 百 | 十 | 元 | 角 | 分 |
| | | | | | 2 | 7 | 2 | 2 | 2 | 0 |
| 出票日期　年　月　日<br>收款人<br>金额<br>用途<br>单位主管<br>会计 | 用途：<br>上列款项请从<br>我账户支付<br>出票人签章　　公司财务专用章　广东珠江股份有限　刘强<br>　　　　　　　　　　　　复核　记账 | | | | | | | | |

图 1-26

11 月份水费分配表

| 序号 | 部门 | 用量（立方米） | 单价（元/立方米） | 分配金额（元） |
|---|---|---|---|---|
| 1 | 生产车间 | 850.00 | 2.722 2 | 2 313.00 |
| 2 | 管理部门 | 120.00 | 2.722 2 | 326.66 |
| 3 | 销售部门 | 30.00 | 2.722 2 | 81.67 |
| | 合计 | 1 000.00 | | 2 722.20 |

制表： 王小丽　　　　　　　　审核： 毛 伟

图 1-27

（11）

广东省增值税普通发票　　　NO. ×××
发票联

开票时间：2019 年 12 月 5 日

| 购货单位 | 名称：广东珠江股份有限公司<br>纳税人识别号：420601078932836<br>地址、电话：广州市金穗路 8 号　86990231<br>开户行及账号：工行天河支行 123456780 | | | | | 密码区 | | |
|---|---|---|---|---|---|---|---|---|
| 货物或应税劳务名称 | 规格型号 | 单位 | 数量 | 单价 | 金额 | 税率 | 税额 |
| 汽油 | 97# | 升 | 100 | 6.871 8 | 687.18 | 13% | 89.33 |
| | | | | 现金付讫 | | | |
| 合计 | | | | | 687.18 | | 89.33 |
| 价税合计（大写）：柒佰柒拾陆元伍角壹分　　　　（小写）776.51 元 | | | | | | | |
| 销货单位 | 名称：中国石化广州公司<br>纳税人识号：430654879122<br>地址、电话：广州市体育西路 16 号 87469821<br>开户行及账号：工行体育西路支行 87465129010 | | | | | 备注 | | |

收款人：××　　　　复核：××　　　　开票人：××　　　　销货单位（章）

图 1-28

（注：车间货车加油）

（12）

11 月工资表

| 部门 | 姓名 | 基本工资 | 职务工资 | 岗位工资 | 奖金 | 交通补贴 | 误餐补贴 | 应发合计 | 事假扣款 | 病假扣款 | 迟到扣款 | 旷工扣款 | 代扣水电 | 代扣五险 | 代扣个税 | 扣款合计 | 实发合计 |
|---|---|---|---|---|---|---|---|---|---|---|---|---|---|---|---|---|---|
| 财务部 | 李一 | 8 000 | 1 000 | 500 | 600 | 400 | 200 | 10 700 | | | | 100 | | | | | |
| | 李二 | 4 800 | 800 | 300 | 200 | 400 | 200 | 6 700 | | | | | | | | | |
| | 小计 | | | | | | | | | | | | | | | | |
| 采购部 | 张三 | 3 000 | 500 | 150 | 250 | 400 | 200 | 4 500 | | | | | 50 | | | | |
| | 张四 | 2 500 | 300 | 100 | 200 | 400 | 200 | 3 900 | | 250 | | | | | | | |
| | 张五 | 2 000 | 200 | 100 | 200 | 400 | 200 | 3 100 | | | | 110 | | | | | |
| | 小计 | | | | | | | | | | | | | | | | |
| 人事部 | 王一 | 5 000 | 700 | 300 | 500 | 400 | 200 | 7 100 | | | | 50 | | | | | |
| | 王二 | 3 600 | 500 | 120 | 240 | 400 | 200 | 5 060 | | | | | | | | | |
| | 王三 | 2 800 | 400 | 100 | 100 | 400 | 200 | 4 000 | | | | | | | | | |
| | 小计 | | | | | | | | | | | | | | | | |
| 工程开发 | 万一 | 6 000 | 500 | 400 | 300 | 400 | 200 | 7 800 | | | | | | | | | |
| | 万二 | 5 500 | 500 | 350 | 400 | 400 | 200 | 7 350 | | | | | | | | | |
| | 小计 | | | | | | | | | | | | | | | | |
| 车间办公室 | 陈一 | 8 000 | 600 | 300 | 400 | 400 | 200 | 9 900 | | | | | | | | | |
| | 陈二 | 6 500 | 550 | 250 | 60 | 400 | 200 | 7 960 | | | 400 | | | | | | |
| | 小计 现金付讫 | | | | | | | | | | | | | | | | |
| 车间生产线 | 董一 | 2 500 | 200 | 150 | 100 | 400 | 200 | 3 550 | | | 45 | | | | | | |
| | 董二 | 2 500 | 200 | 150 | 100 | 400 | 200 | 3 550 | | | | | | | | | |
| | 董三 | 2 500 | 200 | 150 | 100 | 400 | 200 | 3 550 | | | | 68 | | | | | |
| | 小计 | | | | | | | | | | | | | | | | |
| 销售部 | 汤一 | 2 000 | 200 | 300 | 0 | 400 | 200 | 3 100 | | | 60 | | | | | | |
| | 汤二 | 2 000 | 200 | 300 | 0 | 400 | 200 | 3 100 | | | | 260 | | | | | |
| | 小计 | | | | | | | | | | | | | | | | |
| | 总计 | | | | | | | | | | | | | | | | |

制表： 王小丽　　　　　　　　　审核： 李中华

图 1-29

（注：暂不考虑代扣个税、"五险一金"情况）

中国工商银行支票

| 中国工商银行支票存根<br>×××<br>附加信息<br>提现发工资 | 出票人日期：（大写）贰零壹玖年壹拾贰月贰拾陆日<br>付款行名称：工行天河支行<br>收款人：广东珠江股份有限公司　　　　出票人账号 123456780 | | | | | | | | | |
|---|---|---|---|---|---|---|---|---|---|---|
| | 人民币（大写）壹拾万元整 | 百 | 十 | 万 | 千 | 百 | 十 | 元 | 角 | 分 |
| | | | 1 | 0 | 0 | 0 | 0 | 0 | 0 | 0 |
| 出票日期　年　月　日<br>收款人<br>金额<br>用途<br>单位主管<br>会计 | 用途：<br>上列款项请从<br>我账户支付<br>出票人签章　　公司财务专用章　广东珠江股份有限　　刘强　　　　复核　记账 | | | | | | | | | |

图 1-30

（13）

广东省高速公路联网收费专用发票
发票联
发票代码：×××
发票号码：×××

| 现金付讫 | 入口 | 出口 | 车型 | 金额 |
|---|---|---|---|---|
| | 潮州 | 新华 | 一类车 | 462.8 |

票号　工号　时间
××　　××　　2019/11/28

图 1-31

（注：付销售部车辆过路费）

（14）　　　中国工商银行进账单（回单）
2019 年 12 月 27 日

| 出票人 | 全称 | 山东济南制药有限公司 | 收款人 | 全称 | 广东珠江股份有限公司 | | | | | | | | | |
|---|---|---|---|---|---|---|---|---|---|---|---|---|---|---|
| | 账号 | 654872103 | | 账号 | 123456780 | | | | | | | | | |
| | 开户行 | 建行经纬路支行 | | 开户行 | 工行天河支行 | | | | | | | | | |
| 金额 | 人民币<br>（大写）壹拾贰万元整 | | | | 百 | 十 | 万 | 千 | 百 | 十 | 元 | 角 | 分 | |
| | | | | | | 1 | 2 | 0 | 0 | 0 | 0 | 0 | 0 | |
| 票据种类 | | 票据张数 | | 开户行盖章 | | | | | | | | | | |
| 票据号码 | | | | | | | | | | | | | | |
| 复核： | | 记账 | | | | | | | | | | | | |

图 1-32

（注：预付货款）

（15）

**广东省增值税专用发票**　　　　NO. ×××

**发票联**　　　　开票时间：2019 年 12 月 25 日

| 购货单位 | 名称：广州华侨实业有限公司<br>纳税人识别号：536401208195<br>地址、电话：广州中山路 28 号<br>开户行及账号：工行中山支行 589421012 | | | | | 密码区 | | |

| 货物或应税劳务名称 | 规格型号 | 单位 | 数量 | 单价 | 金额 | 税率 | 税额 |
|---|---|---|---|---|---|---|---|
| 甲产品 | A-1 | 个 | 50 | 120.00 | 6 000.00 | 13% | 780.00 |
| 合计 | | | | | 6 000.00 | | 780.00 |

| 价税合计（大写）：陆仟柒佰捌拾元整　　　　（小写）6 780.00 |
|---|

| 销货单位 | 名称：广东珠江股份有限公司<br>纳税人识别号：42060107893283<br>地址、电话：广州市金穗路 8 号　86990231<br>开户行及账号：工行天河支行 123456780 | 备注 |

收款人：××　　　复核：××　　　开票人：××　　　销货单位（章）　发票专用章

图 1-33

**广东珠江公司出库单**

部门：销售部　　　用途：产品销售　　　时间：　　　单号：

| 名称 | 规格 | 计量单位 | 数量 | 单价 | 总额 | 备注 |
|---|---|---|---|---|---|---|
| 甲产品 | A-1 | 个 | 50.00 | 80.00 | | |
| | | | | | | |
| | | | | | | |
| | | | | | | |
| | | | | | | |
| | | | | | | |
| | | | | | | |
| | | | | | | |
| 合计 | | | 50.00 | | 4 000.00 | |

制表：孙涛　　　PMC：××　　　物料经理：程刚　　　财务经理：李中华

图 1-34

**收款收据**

2019 年 12 月 25 日

| 今收到：广州华侨实业有限公司 |
|---|
| 人民币（大写）：零佰零十零万陆仟柒佰贰十零元零角零分 |
| 收款事由：销售收款 |

广东珠江股份有限公司
收款人签字（盖章）
财务专用章

郭华

￥ 6 780.00

图 1-35

（16）

广东省增值税普通发票　　　　NO. ×××

发票联　　　　开票时间：2019 年 12 月 26 日

| 购货单位 | 名称：广东珠江股份有限公司<br>纳税人识别号：420601078932836<br>地址、电话：广州市金穗路 8 号　86990231<br>开户行及账号：工行天河支行 123456780 | | | | | 密码区 | | |
|---|---|---|---|---|---|---|---|---|
| 货物或应税劳务名称 | 规格型号 | 单位 | 数量 | 单价 | 金额 | 税率 | 税额 |
| 财产保险费 | | | 1 | | 19 811.32 | 6% | 1 188.68 |
| 合计 | | | | | 19 811.32 | | 1 188.68 |
| 价税合计（大写）：贰万壹仟元整　　　（小写）21 000.00 元 | | | | | | | |
| 销货单位 | 名称：广州平安保险股份有限公司<br>纳税人识号：420601078915606<br>地址、电话：广州市体育东路 160 号 82966771<br>开户行及账号：工行体育东路支行 66778290110 | | | | | 备注 | | |

收款人：××　　　　复核：××　　　　开票人：××　　　　销货单位（章）

广州平安保险股份有限公司
420601078915606
发票专用章

图 1-36

**保险费用分配表**

| 序号 | 部门 | 金额（元） | 签字 |
|---|---|---|---|
| 1 | 生产车间 | 18 000.00 | |
| 2 | 管理部门 | 2 000.00 | |
| 3 | 销售部门 | 1 000.00 | |
| | 合计 | 21 000.00 | |

制表：王小丽　　　　　　　　审核：李中华

图 1-37

中国工商银行支票

| 中国工商银行支票存根 | 出票人日期：（大写）贰零壹玖年壹拾贰月贰拾陆日 | | | | | | | | |
|---|---|---|---|---|---|---|---|---|---|
| ××× | 付款行名称：工行天河支行 | | | | | | | | |
| 附加信息 | 收款人：广州平安保险股份有限公司　　　出票人账号 123456780 | | | | | | | | |
| 付保险费 | | | | | | | | | |
| | 人民币（大写）贰万壹仟元整 | 百 | 十 | 万 | 千 | 百 | 十 | 元 | 角 | 分 |
| | | | | 2 | 1 | 0 | 0 | 0 | 0 | 0 |
| 出票日期　年　月　日 | 用途： | | | | | | | | |
| 收款人 | 上列款项请从 | | | | | | | | |
| 金额 | 我账户支付 | | | | | | | | |
| 用途 | 出票人签章 | | | | | | | | |
| 单位主管 | | | | | | | | | |
| 会计 | | | | | | | | | |

（公司财务专用章　广东珠江股份有限）

刘 强

复核　记账

图 1-38

（17）

广东省非税收入　（电子）票据 ×××

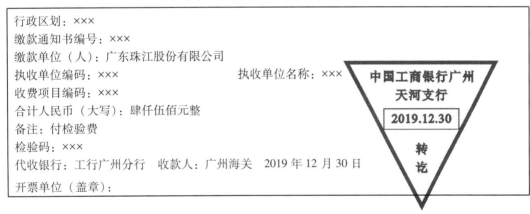

行政区划：×××
缴款通知书编号：×××
缴款单位（人）：广东珠江股份有限公司
执收单位编码：×××　　　　　执收单位名称：×××
收费项目编码：×××
合计人民币（大写）：肆仟伍佰元整
备注：付检验费
检验码：×××
代收银行：工行广州分行　收款人：广州海关　2019 年 12 月 30 日
开票单位（盖章）：

中国工商银行广州天河支行
2019.12.30
转讫

图 1-39

中国工商银行支票

| 中国工商银行支票存根 | 出票人日期：（大写）贰零壹玖年壹拾贰月零叁拾日 | |
| --- | --- | --- |
| ××× | 付款行名称：工行天河支行 | |
| 附加信息 | 收款人：广州海关　　　　　　　出票人账号 123456780 | |
| 付检验费 | | |
| | 人民币（大写）肆仟伍佰元整 | 百 十 万 千 百 十 元 角 分<br>　　　　　4 5 0 0 0 0 |
| 出票日期　年　月　日 | | |
| 收款人 | 用途：<br>上列款项请从<br>我账户支付<br>出票人签章 | 广东珠江股份有限公司财务专用章　　刘 强 |
| 金额 | | |
| 用途 | | |
| 单位主管 | | 复核　记账 |
| 会计 | | |

图 1-40

（18）

广东省×××税务局通用定额发票

图 1-41

（注：总经理停车费）

（19）

### 中国工商银行银行对账单

2019 年 12 月 31 日　　　　　　　　　　　　　　　单位：元

| 日期 | 摘要 | 借方 | 贷方 | 余额 |
|------|------|------|------|------|
| 12.1 | 期初余额 | | | 500 000.00 |
| 12.2 | 付货款 | 1 582.00 | | |
| 12.5 | 代收货款 | | 67 800.00 | |
| 12.6 | 代付电话费 | 2 415.68 | | |
| 12.8 | 代付物业费 | 1 500.00 | | |
| 12.10 | 代付电费 | 146 900.00 | | |
| 12.11 | 代付货款 | 101 700.00 | | |
| 12.20 | 代扣手续费 | 256.00 | | |
| 12.25 | 代扣水费 | 2 722.20 | | |
| 12.26 | 提现 | 100 000.00 | | |
| 12.26 | 代收货款 | | 120 000.00 | |
| 12.27 | 代收货款 | | 15 000.00 | |
| 12.31 | 利息收入 | | 125.00 | |
| 12.31 | 代付检验费 | 4 500.00 | | |
| | | 361 575.88 | 202 925.00 | 341 349.12 |

图 1-42

（20）

### 2019 年 12 月银行存款余额调节表

| 序号 | 项目 | 金额（元） | 项目 | 金额（元） |
|------|------|-----------|------|-----------|
| 1 | 银行日记账余额 | | 银行对账单余额 | |
| 2 | 加：银行已收企业未收 | | 加：企业已收银行未收 | |
| 3 | 减：银行已付企业未付 | | 加：企业已付银行未付 | |
| 4 | 调整后金额 | | 调整后金额 | |

图 1-43

## 三、实训要求

1. 根据上述业务，编制正确的记账凭证。

2. 根据所编制的记账凭证，登记库存现金、银行存款日记账。

3. 根据本月发生的银行业务，编制银行存款余额调节表。

## 四、实训工具

1. 准备记账凭证 30 张。

2. 准备银行存款日记账 1 张，准备库存现金日记账 1 张。

3. 准备剪刀 1 把，胶水 1 瓶，直尺 1 把。

# 项目二　固定资产岗位实训

## 一、实训目的

1. 通过本次实训，学生能够掌握固定资产增加、减少的会计核算。
2. 通过本次实训，学生能够掌握固定资产折旧的计算和会计处理。
3. 通过本次实训，学生能够掌握与固定资产购进相关的增值税的会计处理。
4. 通过本次实训，学生能够掌握固定资产明细账登记方法。

## 二、实训内容

1. 广东珠江股份有限公司 2019 年 12 月 1 日有关固定资产明细资料如表 2-1 所示：

表 2-1

| 名称 | 使用状况 | 使用部门 | 类别 | 原值（元） | 残值率（%） | 使用年限（年） | 开始使用年限（年） | 已提折旧额（元） |
|---|---|---|---|---|---|---|---|---|
| 厂房 A | 在用资产 | 生产车间 | 房屋 | 5 200 000.00 | 5 | 30 | 2016-2-20 | 466 555.56 |
| 厂房 B | 在用资产 | 生产车间 | 房屋 | 1 200 000.00 | -5 | 25 | 2016-11-15 | 105 000.00 |
| 生产设备 B | 在用资产 | 生产车间 | 生产设备 | 160 000.00 | 1 | 10 | 2016-1-10 | 46 200.00 |
| 生产设备 A | 在用资产 | 生产车间 | 生产设备 | 250 000.00 | 1 | 10 | 2015-2-15 | 94 875.00 |
| 生产设备 C | 在用资产 | 生产车间 | 生产设备 | 360 000.00 | 1 | 10 | 2015-2-10 | 136 620.00 |
| 小货车 | 在用资产 | 生产车间 | 汽车 | 126 000.00 | 5 | 6 | 2016-12-10 | 39 900.00 |
| 电脑 A | 在用资产 | 生产车间 | 电脑 | 5 000.00 | 0 | 5 | 2016-12-15 | 2 000.00 |
| 电脑 B | 在用资产 | 生产车间 | 电脑 | 4 000.00 | 0 | 5 | 2016-12-10 | 1 600.00 |
| 电脑 C | 在用资产 | 财务部门 | 电脑 | 16 000.00 | 0 | 5 | 2016-12-15 | 6 400.00 |
| 电脑 D | 在用资产 | 销售部门 | 电脑 | 6 000.00 | 0 | 5 | 2016-12-18 | 2 400.00 |
| 打印机 A | 在用资产 | 人力资源部门 | 打印机 | 12 000.00 | 5 | 5 | 2016-12-15 | 4 560.00 |
| 办公大楼 | 在用资产 | 采购部门 | 房屋 | 2 600 000.00 | 5 | 40 | 2014-12-12 | 247 000.00 |
| 小汽车 A | 在用资产 | 工程开发部门 | 汽车 | 245 000.00 | 5 | 10 | 2014-12-16 | 46 550.00 |

2. 计提折旧的方法是年限平均法，折旧率保留小数点后四位数，计量单位是元。

3. 本月发生的有关固定资产业务如下（经济业务涉及凭证参见图 2-1~图 2-24）：

（1）

广东省增值税专用发票　　　NO. ×××
发票联　　　开票时间：2019 年 12 月 1 日

| 购货单位 | 名称：广东珠江股份有限公司<br>纳税人识别号：420601078932836<br>地址、电话：广州市金穗路 8 号<br>开户行及账号：工行天河支行 123456780 | | | | | 密码区 | | |
|---|---|---|---|---|---|---|---|---|
| 货物或应税劳务名称 | 规格型号 | 单位 | 数量 | 单价 | 金额 | 税率 | 税额 |
| 生产设备 D | A-1 | 台 | 1 | 800 000.00 | 800 000.00 | 13% | 104 000.00 |
| 合计 | | | | | 800 000.00 | | 104 000.00 |
| 价税合计（大写）：玖拾万肆仟元整　　　（小写）904 000.00 | | | | | | | | |
| 销货单位 | 名称：广州环球有限责任公司<br>纳税人识号：420601078932842<br>地址、电话：广州市长兴路 11 号 61115436<br>开户行及账号：工行天河支行 65456313034 | | | | | 备注 | | |

收款人：×× 　　复核：×× 　　开票人：×× 　　销货单位（章）

图 2-1

（注：不需要安装）

中国工商银行支票

| 中国工商银行支票存根<br>×××<br><br>附加信息<br><br>购货 | 出票人日期：（大写）贰零壹玖年壹拾贰月零壹日<br>付款行名称：工行天河支行<br>收款人：广州环球有限责任公司　　　出票人账号 123456780 | | | | | | | | | |
|---|---|---|---|---|---|---|---|---|---|---|
| | 人民币（大写）玖拾万肆仟元整 | 百 | 十 | 万 | 千 | 百 | 十 | 元 | 角 | 分 |
| | | | 9 | 0 | 4 | 0 | 0 | 0 | 0 | 0 |
| 出票日期　年　月　日 | | | | | | | | | | |
| 收款人 | 用途：<br>上列款项请从<br>我账户支付<br>出票人签章 | | | | | | | | | |
| 金额 | | | | | | | | | | |
| 用途 | | | | | | | | | | |
| 单位主管 | | | | | 复核　记账 | | | | | |
| 会计 | | | | | | | | | | |

图 2-2

固定资产验收单

| 名称 | 生产设备D | 数量 | 1 | 开始使用时间 | 2019.12 | 使用期限 | 5 |
|---|---|---|---|---|---|---|---|
| 规格 | A-1 | 计量单位 | 台 | 停止使用时间 | 2024.12 | 使用部门 | 生产车间 |
| 责任人 | 张三 | 设备编号 | 20191201 | 预计清理费用 | 10 000.00 | 已使用年限 | 0 |
| 存放地点 | 生产车间 | 形成方式 | 购入 | 预计残值收入 | 36 000.00 | 月折旧率 | |
| 月折旧额 | | 入账价值 | 800 000.00 | | | | |
| 已提折旧额 | | 资产类别 | 生产设备 | | | | |

使用人：××　　　　　会计：　王小丽　　　　　设备管理人：××

图 2-3

（2）

广东省增值税专用发票　　　　NO. ×××

发票联　　　　　开票时间：2019 年 12 月 6 日

| 购货单位 | 名称：广东珠江股份有限公司<br>纳税人识别号：420601078932836<br>地址、电话：广州市金穗路 8 号<br>开户行及账号：工行天河支行 123456780 | | | | | 密码区 | | |
|---|---|---|---|---|---|---|---|---|
| 货物或应税劳务名称 | 规格型号 | 单位 | 数量 | 单价 | 金额 | 税率 | 税额 |
| 格力空调 | X-1 | 台 | 1 | 2 000.00 | 2 000.00 | 13% | 260.00 |
| 合计 | | | | | 2 000.00 | | 260.00 |

价税合计（大写）：贰仟贰佰陆拾元整　　　　（小写）2 260.00

| 销货单位 | 名称：广州苏宁电器有限公司<br>纳税人识号：42060107964521<br>地址、电话：广州市天河路 16 号 85546987<br>开户行及账号：建行天河支行 654563789614 |
|---|---|

收款人：××　　　　复核：××　　　　开票人：××　　　　销货单位（章）

广州苏宁电器有限公司
42060107964521
发票专用章

图 2-4

（注：不需要安装）

中国工商银行支票

| 中国工商银行支票存根<br>×××<br>附加信息<br>购货 | 出票人日期：（大写）贰零壹玖年壹拾贰月零陆日<br>付款行名称：工行天河支行<br>收款人：广州苏宁电器有限公司　　　　出票人账号 123456780 | | | | | | | | | | |
|---|---|---|---|---|---|---|---|---|---|---|---|
| | 人民币（大写）贰仟贰佰陆拾元整 | 百 | 十 | 万 | 千 | 百 | 十 | 元 | 角 | 分 |
| | | | | | 2 | 2 | 6 | 0 | 0 | 0 |
| 出票日期　年　月　日<br>收款人<br>金额<br>用途<br>单位主管<br>会计 | 用途：<br>上列款项请从<br>我账户支付<br>出票人签章　广东珠江股份有限公司财务专用章　刘强　　　复核　记账 | | | | | | | | | |

**图 2-5**

固定资产验收单

| 名称 | 格力空调 | 数量 | 1 | 开始使用时间 | 2019.12 | 使用期限 | 6 |
|---|---|---|---|---|---|---|---|
| 规格 | X-1 | 计量单位 | 台 | 停止使用时间 | 2025.12 | 使用部门 | 财务部 |
| 责任人 | 张红 | 设备编号 | 20191202 | 预计清理费用 | 0 | 已使用年限 | 0 |
| 存放地点 | 财务部 | 形成方式 | | 预计残值收入 | 100.00 | 月折旧率 | |
| 月折旧额 | | 入账价值 | 2 000.00 | | | | |
| 已提折旧额 | | 资产类别 | 办公设备 | | | | |

使用人：×× 　　　会计：王小丽　　　设备管理人：××

**图 2-6**

（3）

广东省增值税普通发票　　　　NO. ×××

发票联　　　　　　开票时间：2019 年 12 月 8 日

| 购货单位 | 名称：广东珠江股份有限公司<br>纳税人识别号：420601078932836<br>地址、电话：广州市金穗路 8 号<br>开户行及账号：工行天河支行 123456780 | | | | | 密码区 | | |
|---|---|---|---|---|---|---|---|---|
| 货物或应税<br>劳务名称 | 规格型号 | 单位 | 数量 | 单价 | 金额 | 税率 | 税额 |
| HP 打印机 | W-12 | 台 | 1 | 10 000.00 | 10 000.00 | 13% | 1 300.00 |
| 合计 | | | | | 10 000.00 | | 1 300.00 |

价税合计（大写）：壹万壹仟叁佰元整　　　（小写）11 300.00 元

| 销货单位 | 名称：广州苏宁电器有限公司<br>纳税人识别号：42060107964521<br>地址、电话：广州市天河路 16 号 85546987<br>开户行及账号：建行天河支行 654563789614 |
|---|---|

收款人：××　　　　复核：××　　　　开票人：××　　　　销货单位（发票专用章）

广州苏宁电器有限公司
42060107964521
发票专用章

图 2-7

固定资产验收单

| 名称 | HP 打印机 | 数量 | 1 | 开始使用<br>时间 | 2019.12 | 使用期限 | 5 |
|---|---|---|---|---|---|---|---|
| 规格 | W-12 | 计量单位 | 台 | 停止使用<br>时间 | 2024.12 | 使用部门 | 办公室 |
| 责任人 | 王华 | 设备编号 | 20191203 | 预计清理<br>费用 | 0 | 已使用年限 | 0 |
| 存放地点 | 办公室 | 形成方式 | 购入 | 预计残值<br>收入 | 200.00 | 月折旧率 | |
| 月折旧额 | | 入账价值 | 11 300.00 | | | | |
| 已提折旧额 | | 资产类别 | 办公设备 | | | | |

使用人：××　　　　会计：王小丽　　　　设备管理人：××

图 2-8

（4）

广东省增值税专用发票　　　NO.×××

发票联　　　开票时间：2019 年 12 月 10 日

| 购货单位 | 名称：广东珠江股份有限公司<br>纳税人识别号：420601078932836<br>地址、电话：广州市金穗路 8 号<br>开户行及账号：工行天河支行 123456780 | | | | | 密码区 | | |
|---|---|---|---|---|---|---|---|---|
| 货物或应税劳务名称 | 规格型号 | 单位 | 数量 | 单价 | 金额 | 税率 | 税额 |
| 生产设备丙 | F-10 | 台 | 1 | 2 000 000.00 | 2 000 000.00 | 13% | 260 000.00 |
| 合计 | | | | | 2 000 000.00 | | 260 000.00 |
| 价税合计（大写）：贰佰贰拾陆万元整　　　（小写）2 260 000.00 | | | | | | | |
| 销货单位 | 名称：上海专用设备有限公司<br>纳税人识别号：43648970256812<br>地址、电话：上海市延安路 86 号 26541245<br>开户行及账号：建行延安支行 659876012345 | | | | | 备注 | | |

收款人：××　　　复核：××　　　开票人：××　　　销货单位（发票专用章）

图 2-9

### 固定资产验收单

| 名称 | 生产设备丙 | 数量 | 1 | 开始使用时间 | 2019.12 | 使用期限 | 10 |
|---|---|---|---|---|---|---|---|
| 规格 | F-10 | 计量单位 | 台 | 停止使用时间 | 2029.12 | 使用部门 | 生产车间 |
| 责任人 | 王华 | 设备编号 | 20191204 | 预计清理费用 | 30 000.00 | 已使用年限 | 0 |
| 存放地点 | 生产车间 | 形成方式 | | 预计残值收入 | 20 000.00 | 月折旧率 | |
| 月折旧额 | | 入账价值 | 2 000 000.00 | | | | |
| 已提折旧额 | | 资产类别 | 生产设备 | | | | |

使用人：××　　　会计：王小丽　　　设备管理人：××

图 2-10

（注：不需要安装）

信汇凭证

中国工商银行信汇凭证（回单）

2019 年 12 月 12 日　　　　　　　　　　　　　　　　第××号

| 收款人 | 全称 | 上海专用设备有限公司 | | 汇款人 | 全称 | 广东珠江股份有限公司 | | | | | | |
|---|---|---|---|---|---|---|---|---|---|---|---|---|
| | 账号 | 659876012345 | | | 账号 | 123456780 | | | | | | |
| | 汇入地点 | 上海 | 汇入行 | 建行 | | 汇出地点 | 广州 | 汇出行 | 工行 | | | |

| 金额 | （大写）贰佰贰拾陆万元整 | 百 | 十 | 万 | 千 | 百 | 十 | 元 | 角 | 分 |
|---|---|---|---|---|---|---|---|---|---|---|
| | | 2 | 2 | 6 | 0 | 0 | 0 | 0 | 0 | 0 |

汇款用途：　　　　　　　　　　　汇出行盖章

中国工商银行上海
杨浦支行
2019.12.12
转讫
年　月　日

图 2-11

中国工商银行业务收费凭证

币别：CNY　　　　　　　2019 年 12 月 20 日　　　　　　　流水号：×××

| 付款人 | | | | 账号 | |
|---|---|---|---|---|---|
| 项目名称 | 工本费 | 手续费 | 电子汇划费 | | 金额 |
| | | | 50 | | 50.00 |
| | | | | | |
| 金额（大写）伍拾元整 | | | | | 50.00 |
| 付款方式：银行划扣 | | | | | |

中国工商银行广州
天河支行
2019.12.12
转讫

图 2-12

（5）　　　　　　　广东省增值税专用发票　　　NO. ×××

发票联　　　　　　　　开票时间：2019 年 12 月 15 日

| 购货单位 | 名称：广东珠江股份有限公司<br>纳税人识别号：420601078932836<br>地址、电话：广州市金穗路 8 号<br>开户行及账号：工行天河支行 123456780 | | | | | 密码区 | | |
|---|---|---|---|---|---|---|---|---|
| 货物或应税劳务名称 | 规格型号 | 单位 | 数量 | 单价 | 金额 | 税率 | 税额 |
| 水泥 | 325 | 吨 | 500.00 | 200.00 | 100 000.00 | 13% | 13 000.00 |
| 钢材 | 10 毫米 | 吨 | 500.00 | 2 000.00 | 1 000 000.00 | 13% | 130 000.00 |
| 合计 | | | | | 1 100 000.00 | | 143 000.00 |
| 价税合计（大写）：壹佰贰拾肆万叁仟元整 | | | （小写）1 243 000.00 | | | | |
| 销货单位 | 名称：广州东方建材有限公司<br>纳税人识别号：43687920515015<br>地址、电话：广州同泰路 28 号 89741245<br>开户行及账号：建行同泰支行 8796450123985 | | | | | | |

收款人：××　　　　复核：××　　　　开票人：××　　　　销货单位：（章）

广州东方建材有限公司
43687920515015
发票专用章

图 2-13

**入库单**

2019 年 12 月 15 日 单号：×××

部门：基建部　　　　　　用途：建造厂房物资　　　　　　仓库：

| 编号 | 名称 | 规格 | 数量 | 单价 | 总额 | 备注 |
|------|------|------|------|------|------|------|
| 001 | 水泥 | 325 | 500 | | | |
| 002 | 钢材 | 10 毫米 | 500 | | | |
| | | | | | | |
| | | | | | | |
| | | | | | | |
| | | | | | | |
| 合计 | | | | | | |

仓管员：　孙　涛　　　　　财务经理：　李中华　　　　　仓管经理：　程　刚

图 2-14

（6）

**广东珠江公司领料单**

部门：基建部　　产品名称：厂房　　投产量：　　投产时间：2019.12　　单号：××

| 名称 | 规格 | 计量单位 | 数量 | 单价 | 总额 | 备注 |
|------|------|----------|------|------|------|------|
| 水泥 | 325 | 吨 | 100.00 | | | |
| 钢材 | 10 毫米 | 吨 | 300.00 | | | |
| | | | | | | |
| | | | | | | |
| | | | | | | |
| | | | | | | |
| | | | | | | |
| | | | | | | |
| | | | | | | |
| 合计 | | | | | | |

制表：××　　　　PMC：××　　　　物料经理：　程　刚　　　　财务经理：　李中华

图 2-15

（7）

**固定资产报废单**

2019 年 12 月 18 日

| 名称 | 电脑A | 原值 | | 净值 | | 清理收入 | 1 600 元 |
|---|---|---|---|---|---|---|---|
| 规格 | | 累计折旧 | | 清理费用 | 0.00 | 开始使用时间 | |
| 使用部门 | 生产车间 | 使用年限 | | 停止使用时间 | | | |
| 使用人 | | 已使用年限 | | | | | |
| 报废原因：设备故障，无法修复 | | | | | | | |
| 行政经理：×× | | 财务经理：李中华 | | | 总经理：刘　强 | | |

图 2-16

**收款收据**

2019 年 12 月 18 日

| 今收到：张华交来现金 | |
|---|---|
| 人民币（大写）：零百零十零万壹千陆百零十零元零角零分 | |
| 收款事由：出售电脑收入 | |
| ￥1 600.00 | 广东珠江股份有限公司 财务专用章　收款人签字（盖章）　郭　华 |

图 2-17

（8）

**固定资产折旧明细表**

| 名称 | 使用状况 | 使用部门 | 类别 | 原值 | 残值率（%） | 使用年限（年） | 开始使用年限 | 月折旧额 | 累计折旧额 | 净值 |
|---|---|---|---|---|---|---|---|---|---|---|
| 厂房A | 在用资产 | 生产车间 | 房屋 | 5 200 000.00 | 5 | 30 | 2016-2-20 | | | |
| 厂房B | 在用资产 | 生产车间 | 房屋 | 1 200 000.00 | -5 | 25 | 2016-11-15 | | | |
| 生产设备B | 在用资产 | 生产车间 | 生产设备 | 160 000.00 | 1 | 10 | 2016-1-10 | | | |
| 生产设备A | 在用资产 | 生产车间 | 生产设备 | 250 000.00 | 1 | 10 | 2015-2-15 | | | |
| 生产设备C | 在用资产 | 生产车间 | 生产设备 | 360 000.00 | 1 | 10 | 2015-2-10 | | | |
| 小货车 | 在用资产 | 生产车间 | 汽车 | 126 000.00 | 5 | 6 | 2016-12-10 | | | |
| 电脑A | 在用资产 | 生产车间 | 电脑 | 5 000.00 | 0 | 5 | 2016-12-15 | | | |
| 电脑B | 在用资产 | 生产车间 | 电脑 | 4 000.00 | 0 | 5 | 2016-12-10 | | | |

续表

| 名称 | 使用状况 | 使用部门 | 类别 | 原值 | 残值率（%） | 使用年限（年） | 开始使用年限 | 月折旧额 | 累计折旧额 | 净值 |
|------|---------|---------|------|------|-----------|--------------|-------------|---------|-----------|------|
|  |  |  |  |  |  |  |  |  |  |  |
|  |  |  |  |  |  |  |  |  |  |  |
| 小计 |  |  |  |  |  |  |  |  |  |  |
| 电脑 D | 在用资产 | 销售部门 | 电脑 | 6 000.00 | 0 | 5 | 2016-12-18 |  |  |  |
|  |  |  |  |  |  |  |  |  |  |  |
|  |  |  |  |  |  |  |  |  |  |  |
| 小计 |  |  |  |  |  |  |  |  |  |  |
| 电脑 C | 在用资产 | 财务部门 | 电脑 | 16 000.00 | 0 | 5 | 2016-12-10 |  |  |  |
| 打印机 A | 在用资产 | 人力资源部门 | 打印机 | 12 000.00 | 5 | 5 | 2016-12-15 |  |  |  |
| 办公大楼 | 在用资产 | 采购部门 | 房屋 | 2 600 000.00 | 5 | 40 | 2014-12-12 |  |  |  |
| 小汽车 A | 在用资产 | 工程开发部门 | 汽车 | 245 000.00 | 5 | 10 | 2016-12-16 |  |  |  |
|  |  |  |  |  |  |  |  |  |  |  |
|  |  |  |  |  |  |  |  |  |  |  |
|  |  |  |  |  |  |  |  |  |  |  |
| 小计 |  |  |  |  |  |  |  |  |  |  |

制表：　王小丽　　　　　　　审核：　李中华

图 2-18

（9）

**投资协议**

甲方：广东珠江股份有限公司　　　　　　乙方：广东宏新股份有限公司

　　经双方商议，达成以下协议：乙方以一幢厂房投入甲方，从而持有甲方公司的 10% 股权，该项厂房原值 2 000 万元，净值为 1 600 万元，经双方确认该项厂房的市场价值 1 800 万元，预计可使用年限为 15 年，清理收入 6 万元，清理费用 20 万元。

甲方法定代表人：　刘　强　　　　　　乙方法定代表人：　黄　婷
甲方公司（盖章）　　　　　　　　　　乙方公司（盖章）
时间：　年　月　日　　　　　　　　　时间：　年　月　日

图 2-19

（注：广东珠江有限公司当时所有者权益为 18 000 万元，名称为厂房 C）

**固定资产验收单**

| | | | | | | | |
|---|---|---|---|---|---|---|---|
| 名称 | 厂房 C | 数量 | 1 | 开始使用时间 | 2019. 12 | 使用期限 | 15 |
| 规格 | | 计量单位 | 幢 | 停止使用时间 | 2034. 12 | 使用部门 | 生产车间 |
| 责任人 | 王华 | 设备编号 | 20191208 | 预计清理费用 | 200 000. 00 | 已使用年限 | 0 |
| 存放地点 | 生产车间 | 形成方式 | 投资投入 | 预计残值收入 | 60 000. 00 | 月折旧率 | |
| 月折旧额 | | 入账价值 | 18 000 000. 00 | | | | |
| 已提折旧额 | | 资产类别 | 厂房 | | | | |

使用人：××　　　　会计：王小丽　　　　设备管理人：××

图 2-20

（10）

**经营租赁协议**

甲方：广东珠江股份有限公司　　　　乙方：广东机电设备有限公司

经双方商谈，达成以下协议：甲方因生产经营需要，从乙方租入生产设备 D，租期为 5 年，每年甲方向乙方支付设备租金 60 000 元，租期结束后，甲方要完好地向乙方退还所租赁的生产设备 D。乙方要对租赁期的设备进行日常维护以保证甲方能够正常使用该设备。由于甲方恶意行为所造成的设备损坏由甲方自己承担维修责任，若对乙方造成了经济损失的，由甲方负责赔偿。甲方需向乙方支付设备押金 20 000 元。租期结束后，由乙方退还给甲方。

广东珠江股份有限公司　　　　广东机电设备有限公司

甲方法定代表人：刘　强　　　　乙方法定代表人：赵　峰

甲方公司（盖章）　　　　乙方公司（盖章）

时间：　　年　月　日　　　　时间：　　年　月　日

图 2-21

信汇凭证

中国工商银行信汇凭证（回单）

2019 年 12 月 12 日 第××号

| 收款人 | 全称 | 广东机电设备有限公司 | | 汇款人 | 全称 | 广东珠江股份有限公司 | | | | | | |
|---|---|---|---|---|---|---|---|---|---|---|---|
| | 账号 | 7899876546345 | | | 账号 | 123456780 | | | | | |
| | 汇入地点 | 广州 | 汇入行 农行 | | 汇出地点 | 广州 汇出行 工行 | | | | | |
| 金额 | （大写）贰万元整 | | | | | 百 十 万 千 百 十 元 角 分 | | | | | |
| | | | | | | 2 0 0 0 0 0 0 | | | | | |
| 汇款用途： | | | | 汇出行盖章 | | | | | | | |

图 2-22

（11）

广东省增值税专用发票 NO. ×××

发票联 开票时间：2019 年 12 月 20 日

| 购货单位 | 名称：广东珠江股份有限公司 纳税人识别号：420601078932836 地址、电话：广州市金穗路 8 号 开户行及账号：工行天河支行 123456780 | | | | | 密码区 | | |
|---|---|---|---|---|---|---|---|---|
| 货物或应税劳务名称 | 规格型号 | 单位 | 数量 | 单价 | 金额 | 税率 | 税额 |
| 生产设备 F | D-1 | 台 | 1 | 80 000.00 | 80 000.00 | 13% | 10 400.00 |
| 合计 | | | | | 80 000.00 | | 10 400.00 |
| 价税合计（大写）：玖万零肆佰元整　　　　（小写）90 400.00 | | | | | | | | |
| 销货单位 | 名称：广州振兴设备有限公司 纳税人识号：420601079641465 地址、电话：广州市兴华路 7 号 85469801 开户行及账号：建行沙太支行 54563782106 | | | | | 备注 | | |

收款人：×× 复核：×× 开票人：×× 销货单位（章）发票专用章

图 2-23

（注：生产的产品是免税的，不需要安装）

固定资产验收单

| 名称 | 生产设备 F | 数量 | 1 | 开始使用时间 | 2019.12 | 使用期限 | 5 |
|---|---|---|---|---|---|---|---|
| 规格 | D-1 | 计量单位 | 台 | 停止使用时间 | 2024.12 | 使用部门 | 生产车间 |
| 责任人 | 王华 | 设备编号 | 20191209 | 预计清理费用 | 4 500.00 | 已使用年限 | 0 |
| 存放地点 | 生产车间 | 形成方式 | 购入 | 预计残值收入 | 2 000.00 | 月折旧率 | |
| 月折旧额 | | 入账价值 | | | | | |
| 已提折旧额 | | 资产类别 | 生产设备 | | | | |

使用人：×× 　　　　　会计：王小丽 　　　　　设备管理人：××

**图 2-24**

## 三、实训要求

1. 根据上述经济业务正确编制会计记账凭证。
2. 正确计算当月应计提的折旧额并进行相应的会计处理。
3. 根据相关记账凭证登记固定资产明细账。

## 四、实训工具

1. 准备记账凭证 30 张。
2. 准备固定资产明细账 25 张。
3. 准备剪刀 1 把、胶水 1 瓶、直尺 1 把、长尾夹若干个。

# 项目三　存货及应付岗位实训

## 实训一　实际成本法

### 一、实训目的

通过本次实训，学生基本上能够熟悉地利用存货实际成本方法对存货的购进、领用、销售出库进行正确的会计核算，以满足企业对存货的入库、出库的管理需要。

### 二、实训内容

1. 广东珠江股份有限公司 2019 年 12 月期初库存材料明细表如表 3-1 所示：

表 3-1

| 序号 | 名称 | 规格 | 计量单位 | 数量 | 单价 | 金额 |
|------|------|------|----------|------|------|------|
| 1 | A 材料 | X-1 | 个 | 5 000.00 | 84.00 | 420 000.00 |
| 2 | B 材料 | Y-1 | 个 | 2 000.00 | 53.00 | 106 000.00 |
| 3 | C 材料 | M-1 | 件 | 1 000.00 | 58.00 | 58 000.00 |
| | 合计 | | | | | 584 000.00 |

2. 广东珠江股份有限公司对存货的采用的核算方法是月末一次加权平均法。

3. 广东珠江股份有限公司 2019 年 12 月期初应付账款明细表如表 3-2 所示：

表 3-2

| 序号 | 公司名称 | 期初余额 |
|------|----------|----------|
| 1 | 广州环球有限责任公司 | 585 000.00 |
| 2 | 山东华北股份有限公司 | 117 000.00 |
| 3 | 深圳圳发有限责任公司 | 23 400.00 |
| 4 | 深圳永泰有限责任公司 | 702 000.00 |
| 5 | 佛山铝业有限责任公司 | 468 000.00 |
| | | |

4. 广东珠江股份有限公司 2019 年 12 月发生的具体经济业务如下（经济业务涉及凭证参见图 3-1~图 3-26）：

（1）

广东省增值税专用发票　　　　NO. ×××

发票联　　　　　　　　　开票时间：2019 年 12 月 1 日

| 购货单位 | 名称：广东珠江股份有限公司 纳税人识别号：420601078932836 地址、电话：广州市金穗路 8 号 开户行及账号：工行天河支行 123456780 | | | | | 密码区 | | |
|---|---|---|---|---|---|---|---|---|
| 货物或应税劳务名称 | 规格型号 | 单位 | 数量 | 单价 | 金额 | 税率 | 税额 |
| A 材料 | X-1 | 个 | 500.00 | 80.00 | 40 000.00 | 13% | 5 200.00 |
| B 材料 | Y-1 | 个 | 1 000.00 | 50.00 | 50 000.00 | 13% | 6 500.00 |
| | | | | | | | |
| 合 计 | | | | | 90 000.00 | | 11 700.00 |
| 价税合计（大写）：壹拾万壹仟柒佰元整　　　　（小写）101 700.00 | | | | | | | |
| 销货单位 | 名称：广州环球有限责任公司 纳税人识号：42060107893284 地址、电话：广州市长兴路 11 号 61115436 开户行及账号：工行天河支行 65456313034 | | | | | 备注 | | |

收款人：××　　　　复核：××　　　　开票人：××　　　　销货单位（发票专用章）

图 3-1

入库单

2019 年 12 月 10 日　　　　　　　　　　　　单号：×××

部门：采购部　　　　　　用途：生产用料　　　　　　仓库：甲

| 编号 | 名称 | 规格 | 数量 | 单价 | 总额 | 备注 |
|---|---|---|---|---|---|---|
| 0001 | A 材料 | X-1 | 500 | 80 | 40 000.00 | |
| 0002 | B 材料 | Y-1 | 1 000 | 50 | 50 000.00 | |
| | | | | | | |
| | | | | | | |
| | | | | | | |
| | | | | | | |
| 合计：玖万元整 | | | | | 90 000.00 | |

仓管员：孙 涛　　　　财务经理：李中华　　　　仓库经理：程 刚

图 3-2

73

### 中国工商银行支票

| 中国工商银行支票存根 | 出票人日期：（大写）贰零壹玖年壹拾贰月零伍日 |
|---|---|
| ××× | 付款行名称：工行天河支行 |
| 附加信息 | 收款人：广州环球有限责任公司　　　出票人账号 123456780 |
| 购货 | |

| | 人民币（大写）壹拾万壹仟柒佰元整 | 百 | 十 | 万 | 千 | 百 | 十 | 元 | 角 | 分 |
|---|---|---|---|---|---|---|---|---|---|---|
| | | | 1 | 0 | 1 | 7 | 0 | 0 | 0 | 0 |

| 出票日期 年 月 日 | |
|---|---|
| 收款人 | 用途： |
| 金额 | 上列款项请从 |
| 用途 | 我账户支付 |
| 单位主管 | 出票人签章 |
| 会计 | |

广东珠江股份有限公司财务专用章　刘强　复核 记账

图 3-3

（2）

### 山东省增值税专用发票　　NO. ×××
### 发票联　　开票时间：2019 年 12 月 6 日

| 购货单位 | 名称：广东珠江股份有限公司 纳税人识别号：420601078932836 地址、电话：广州市金穗路 8 号 开户行及账号：工行天河支行 123456780 | | | | 密码区 | | |
|---|---|---|---|---|---|---|---|
| 货物或应税劳务名称 | 规格型号 | 单位 | 数量 | 单价 | 金额 | 税率 | 税额 |
| C 材料 | M-1 | 件 | 6 000.00 | 60.00 | 360 000.00 | 13% | 46 800.00 |
| 合计 | | | | | 360 000.00 | | 46 800.00 |
| 价税合计（大写）：肆拾万陆仟捌佰元整　（小写）406 800.00 | | | | | | | |
| 销货单位 | 名称：山东华北股份有限公司 纳税人识号：54032156465489 地址、电话：济南市经石路 6 号 7689321 开户行及账号：建行经石支行 123456789 | | | | 备注 山东华北股份有限公司 54032156465489 发票专用章 | | |

收款人：×× 　复核：×× 　开票人：×× 　销货单位（章）

图 3-4

## 入库单

2019 年 12 月 12 日　　　　　　　　　　单号：×××

部门：采购部　　　　　　　　用途：生产用料　　　　　仓库：甲

| 编号 | 名称 | 规格 | 数量 | 单价 | 总额 | 备注 |
|------|------|------|------|------|------|------|
| 0003 | C 材料 | M-1 | 6 000.00 | 60.00 | 360 000.00 | |
| | | | | | | |
| | | | | | | |
| | | | | | | |
| | | | | | | |
| | | | | | | |
| 合计：叁拾陆万元整 | | | | | 360 000.00 | |

仓管员：孙 涛　　　　财务经理：李中华　　　　仓库经理：程 刚

图 3-5

（3）

### 广东省增值税专用发票　　NO. ×××
### 发票联

开票时间：2019 年 12 月 2 日

| 购货单位 | 名称：广东珠江股份有限公司<br>纳税人识别号：420601078932836<br>地址、电话：广州市金穗路 8 号<br>开户行及账号：工行天河支行 123456780 | | | | | 密码区 | | |
|---|---|---|---|---|---|---|---|---|
| 货物或应税劳务名称 | 规格型号 | 单位 | 数量 | 单价 | 金额 | 税率 | 税额 |
| A 材料 | X-1 | 个 | 800.00 | 85.00 | 68 000.00 | 13% | 8 840.00 |
| B 材料 | Y-1 | 个 | 2 000.00 | 52.00 | 104 000.00 | 13% | 13 520.00 |
| 合计 | | | | | 172 000.00 | | 22 360.00 |
| 价税合计（大写）：壹拾玖万肆仟叁佰陆拾元整　　（小写）194 360.00 | | | | | | | |
| 销货单位 | 名称：深圳圳发有限责任公司<br>纳税人识号：4206010789342562<br>地址、电话：深圳市滨海大道 5 号 87654321<br>开户行及账号：工行滨海支行 65456314576 | | | | | 备注 | | |

收款人：×× 　　复核：×× 　　开票人：×× 　　销货单位（章）发票专用章

图 3-6

入库单

2019 年 12 月 6 日　　　　　　　　单号：×××

部门：采购部　　　　　　用途：生产用料　　　　　　仓库：甲

| 编号 | 名称 | 规格 | 数量 | 单价 | 总额 | 备注 |
|------|------|------|------|------|------|------|
| 0001 | A 材料 | X-1 | 800.00 | | | |
| 0002 | B 材料 | Y-1 | 2 000.00 | | | |
| | | | | | | |
| | | | | | | |
| | | | | | | |
| | | | | | | |
| 合计： | | | | | | |

仓管员：孙涛　　　　财务经理：李中华　　　　仓库经理：程刚

图 3-7

广东省增值税专用发票　　　　NO. ×××

发票联　　　　　　开票时间：2019 年 12 月 6 日

| 购货单位 | 名称：广东珠江股份有限公司<br>纳税人识别号：420601078932836<br>地址、电话：广州市金穗路 8 号<br>开户行及账号：工行天河支行 123456780 | | | | 密码区 | | |

| 货物或应税劳务名称 | 规格型号 | 单位 | 数量 | 单价 | 金额 | 税率 | 税额 |
|------|------|------|------|------|------|------|------|
| 陆路运输服务 | | 元/千米 | 2 500 | 0.8 | 2 000 | 9% | 180 |

价税合计（大写）：贰仟壹佰捌拾元整　　　　　（小写）2 180.00 元

| 销货单位 | 名称：广州顺丰物流有限公司<br>纳税人识号：420601078931165<br>地址、电话：广州市同泰路 5 号 87652310<br>开户行及账号：工行白云支行 65456311587 | 备注 |

收款人：××　　复核：××　　开票人：××　　销货单位（章）发票专用章

图 3-8

（注：运输费用按金额比例分摊）

中国工商银行支票

| 中国工商银行支票存根<br>×××<br><br>附加信息<br><br>付运费 | 出票人日期：（大写）贰零壹玖年壹拾贰月零陆日<br>付款行名称：工行天河支行<br>收款人：广州顺丰物流有限公司　　　　出票人账号 123456780 | | | | | | | | | |
|---|---|---|---|---|---|---|---|---|---|---|
| | 人民币（大写）贰仟壹佰捌拾元整 | 百 | 十 | 万 | 千 | 百 | 十 | 元 | 角 | 分 |
| | | | | | 2 | 1 | 8 | 0 | 0 | 0 |
| 出票日期　年　月　日<br>收款人<br>金额<br>用途<br>单位主管<br>会计 | 用途：<br>上列款项请从<br>我账户支付<br>出票人签章　　公司财务专用章　广东珠江股份有限　　刘 强　　　　　复核　记账 | | | | | | | | | |

图 3-9

（4）

广东省增值税普通发票　　　　NO. ×××

发票联　　　　开票时间：2019 年 12 月 6 日

| 购货单位 | 名称：广东珠江股份有限公司<br>纳税人识别号：420601078932836<br>地址、电话：广州市金穗路 8 号<br>开户行及账号：工行天河支行 123456780 | | | | 密码区 | | |
|---|---|---|---|---|---|---|---|
| 货物或应税劳务名称 | 规格型号 | 单位 | 数量 | 单价 | 金额 | 税率 | 税额 |
| A 材料 | X-1 | 个 | 200.00 | 72.649 5 | 14 529.90 | 13% | 1 888.89 |
| B 材料 | Y-1 | 个 | 100.00 | 44.444 4 | 4 444.44 | 13% | 577.78 |
| 合计 | | | | | 18 974.34 | | 2 466.67 |
| 价税合计（大写）：贰万壹仟肆佰肆拾壹元零角壹分 | | | | | （小写）21 441.01 元 | | |
| 销货单位 | 名称：深圳永泰有限责任公司<br>纳税人识号：420601078958761<br>地址、电话：深圳市前进路 15 号 87654321<br>开户行及账号：工行宝安支行 65456319087 | | | | 备注 | | |

收款人：××　　　　复核：××　　　　开票人：××　　　　销货单位（章）

图 3-10

入库单

2019 年 12 月 8 日

部门：采购部 用途：生产用料 单号：×××

仓库：甲

| 编号 | 名称 | 规格 | 数量 | 单价 | 总额 | 备注 |
|---|---|---|---|---|---|---|
| 0001 | A 材料 | X-1 | 200.00 | 82.09 | 16 418.79 | |
| 0002 | B 材料 | Y-1 | 100.00 | 50.22 | 5 022.22 | |
| | | | | | | |
| | | | | | | |
| | | | | | | |
| | | | | | | |
| 合计：贰万壹仟肆佰肆拾壹元零角壹分 | | | | | 21 441.01 | |

仓管员：孙 涛 财务经理：李中华 仓库经理：程 刚

图 3-11

（5）

广东省增值税专用发票 NO. ×××

发票联 开票时间：2019 年 12 月 9 日

| 购货单位 | 名称：广东珠江股份有限公司<br>纳税人识别号：420601078932836<br>地址、电话：广州市金穗路 8 号<br>开户行及账号：工行天河支行 123456780 | | | | 密码区 | | |
|---|---|---|---|---|---|---|---|
| 货物或应税劳务名称 | 规格型号 | 单位 | 数量 | 单价 | 金额 | 税率 | 税额 |
| A 材料 | X-1 | 个 | 1 000.00 | 82 | 82 000.00 | 13% | 10 660.00 |
| B 材料 | Y-1 | 个 | 1 500.00 | 51 | 76 500.00 | 13% | 9 945.00 |
| 合计 | | | | | 158 500.00 | | 20 605.00 |
| 价税合计（大写）：壹拾柒万玖仟壹佰零伍元整 （小写）179 105.00 | | | | | | | |
| 销货单位 | 名称：深圳圳发有限责任公司<br>纳税人识别号：420601078934562<br>地址、电话：深圳市滨海大道 5 号 87654321<br>开户行及账号：工行滨海支行 65456314576 | | | | 备注 | | |

收款人：×× 复核：×× 开票人：×× 销货单位（章）

图 3-12

中国工商银行承兑汇票

出票日期：贰零壹玖年壹拾贰月零玖日

| 出票人 | 全称 | 广东珠江股份有限公司 | 收款人 | 全称 | 深圳圳发有限责任公司 |
|---|---|---|---|---|---|
| | 账号 | 123456780 | | 账号 | 65456314576 |
| | 开户行 | 工行天河支行 | | 开户行 | 工行滨海支行 |

| 出票金额 | 人民币（大写）壹拾柒万玖仟壹佰零伍元整 | 十 | 万 | 千 | 百 | 十 | 元 | 角 | 分 |
|---|---|---|---|---|---|---|---|---|---|
| | | 1 | 7 | 9 | 1 | 0 | 5 | 0 | 0 |

| 汇票到期日（大写） | 贰零贰零年叁月零玖日 | 行号 | |
|---|---|---|---|
| 承兑协议号 | | 地址 | |
| 本汇票请你行承兑，到期无条件付款 | | 本汇票已经承兑，到期由本行付款 | |
| 出票人签章　刘强 | | 记账：　　复核： | |

图 3-13

（6）

广东省增值税专用发票　　　　NO. ×××

发票联　　　　开票时间：2019 年 12 月 10 日

| 购货单位 | 名称：广东珠江股份有限公司　纳税人识别号：420601078932836　地址、电话：广州市金穗路 8 号　开户行及账号：工行天河支行 123456780 | | | | | 密码区 | | |
|---|---|---|---|---|---|---|---|---|
| 货物或应税劳务名称 | 规格型号 | 单位 | 数量 | 单价 | 金额 | 税率 | 税额 |
| C 材料 | M-1 | 个 | 1 800.00 | 62.00 | 111 600.00 | 13% | 14 508.00 |
| 合计 | | | | | 111 600.00 | | 14 508.00 |

价税合计（大写）：壹拾贰万陆仟壹佰零捌元整　　（小写）126 108.00

| 销货单位 | 名称：佛山铝业有限责任公司　纳税人识号：420601078931429　地址、电话：佛山市南海大道 65 号 4448888　开户行及账号：工行南海支行 65456319876 | 备注 |
|---|---|---|

收款人：××　　复核：××　　开票人：××　　销货单位（章）

图 3-14

广东省增值税专用发票　　NO. ×××

发票联　　　　　　　　　开票时间：2019 年 12 月 12 日

| 购货单位 | 名称：广东珠江股份有限公司<br>纳税人识别号：420601078932836<br>地址、电话：广州市金穗路 8 号<br>开户行及账号：工行天河支行 123456780 | | | | | 密码区 | | |
|---|---|---|---|---|---|---|---|---|
| 货物或应税劳务名称 | 规格型号 | 单位 | 数量 | 单价 | 金额 | 税率 | 税额 |
| 陆路运输服务 | | 元/千米 | 3 500 | 0.8 | 2 800 | 9% | 252 |
| | | | | | | | |
| | | | | | | | |
| | | | | | | | |
| 价税合计（大写）：叁仟零伍拾贰元整 | | | | | （小写）3 052.00 元 | | |
| 销货单位 | 名称：广州顺丰物流有限公司<br>纳税人识号：42060107893165<br>地址、电话：广州市同泰路 5 号 87652310<br>开户行及账号：工行白云支行 65456311587 | | | | | 备注 | | |

收款人：××　　　　复核：××　　　　开票人：××　　　　销货单位（章）

广州顺丰物流有限公司
42060107893165
发票专用章

图 3-15

中国工商银行支票

| 中国工商银行支票存根<br>×××<br><br>附加信息<br><br>付运费 | 出票人日期：（大写）贰零壹玖年壹拾贰月壹拾壹 日<br>付款行名称：工行天河支行<br>收款人：广州顺丰物流有限公司　　　　出票人账号 123456780 | | | | | | | | | | |
|---|---|---|---|---|---|---|---|---|---|---|---|
| | | 百 | 十 | 万 | 千 | 百 | 十 | 元 | 角 | 分 |
| | 人民币（大写）叁仟零伍拾贰元整 | | | | 3 | 0 | 5 | 2 | 0 | 0 |
| 出票日期　年　月　日 | | | | | | | | | | |
| 收款人 | | | | | | | | | | |
| 金额 | 用途：<br>上列款项请从<br>我账户支付<br>出票人签章 | 公司财务专用章　广东珠江股份有限 | | | 刘强 | | | | | | |
| 用途 | | | | | | | | | | |
| 单位主管 | | | | | 复核　记账 | | | | | |
| 会计 | | | | | | | | | | |

图 3-16

**入库单**

2019 年 12 月 8 日 单号：×××

部门：采购部  用途：生产用料  仓库：甲

| 编号 | 名称 | 规格 | 数量 | 单价 | 总额 | 备注 |
|---|---|---|---|---|---|---|
| 0003 | C 材料 | M−1 | 1 700 | | | |
| | | | | | | |
| | | | | | | |
| | | | | | | |
| | | | | | | |
| | | | | | | |
| 合计： | | | | | | |

仓管员：孙 涛  财务经理：李中华  仓库经理：程 刚

**图 3-17**

（注：差额部分由物流公司广州顺丰赔偿）

（7）

**珠江公司领料单**

部门：A 车间  用途：生产甲产品  投产量：1 000  投产时间：2019 年 12 月 5 日  单号：1201

| 名称 | 规格 | 计量单位 | 数量 | 单价 | 总额 | 备注 |
|---|---|---|---|---|---|---|
| A | X−1 | 个 | 1 000.00 | | | |
| B | Y−1 | 个 | 1 000.00 | | | |
| C | M−1 | 件 | 2 000.00 | | | |
| | | | | | | |
| | | | | | | |
| | | | | | | |
| | | | | | | |
| | | | | | | |
| 合计 | | | | | | |

制表：××  PMC：××  物料经理：程 刚  财务经理：李中华

**图 3-18**

（8）

**珠江公司领料单**

部门：A车间　用途：车间一般耗用　投产量：　投产时间：2019年12月8日　单号：1202

| 名称 | 规格 | 计量单位 | 数量 | 单价 | 总额 | 备注 |
|------|------|----------|------|------|------|------|
| A | X-1 | 个 | 100.00 | | | |
| B | Y-1 | 个 | 100.00 | | | |
| C | M-1 | 件 | 200.00 | | | |
| | | | | | | |
| | | | | | | |
| | | | | | | |
| | | | | | | |
| | | | | | | |
| 合计 | | | | | | |

制表：××　　　PMC：××　　　物料经理：程　刚　　　财务经理：李中华

**图 3-19**

（9）

**珠江公司领料单**

部门：销售部　用途：对外销售　投产量：　投产时间：2019年12月10日　单号：1203

| 名称 | 规格 | 计量单位 | 数量 | 单价 | 总额 | 备注 |
|------|------|----------|------|------|------|------|
| A | X-1 | 个 | 400.00 | | | |
| B | Y-1 | 个 | 400.00 | | | |
| C | M-1 | 件 | 600.00 | | | |
| | | | | | | |
| | | | | | | |
| | | | | | | |
| | | | | | | |
| | | | | | | |
| 合计 | | | | | | |

制表：××　　　PMC：××　　　物料经理：程　刚　　　财务经理：李中华

**图 3-20**

广东省增值税专用发票　　NO. ×××

发票联　　　　　　　　　　开票时间：2019 年 12 月 10 日

| 购货单位 | 名称：广东燕塘股份有限公司 纳税人识别号：420601078939850 地址、电话：广州市燕岭路 19 号 开户行及账号：工行燕塘支行 876543210 | | | | | 密码区 | | |
|---|---|---|---|---|---|---|---|---|
| 货物或应税劳务名称 | 规格型号 | 单位 | 数量 | 单价 | 金额 | 税率 | 税额 |
| A 材料 | X-1 | 个 | 400.00 | 120.00 | 48 000.00 | 13% | 6 240.00 |
| B 材料 | Y-1 | 个 | 400.00 | 90.00 | 36 000.00 | 13% | 4 680.00 |
| C 材料 | M-1 | 件 | 600.00 | 80.00 | 48 000.00 | 13% | 6 240.00 |
| 合计 | | | | | 132 000.00 | | 17 160.00 |
| 价税合计（大写）：壹拾肆万玖仟壹佰陆拾元整　　　（小写）149 160.00 | | | | | | | |
| 销货单位 | 名称：广东珠江股份有限公司 纳税人识别号：420601078932836 地址、电话：广州市金穗路 8 号 开户行及账号：工行天河支行 123456780 | | | | | 备注 | | |

收款人：×× 　　　复核：×× 　　　开票人：×× 　　　销货单位（章）

图 3-21

中国工商银行进账单（回单）

2019 年 12 月 14 日

| 出票人 | 全称 | 广东燕塘股份有限公司 | 收款人 | 全称 | 广东珠江股份有限公司 | | | | | | | | |
|---|---|---|---|---|---|---|---|---|---|---|---|---|---|
| | 账号 | 876543210 | | 账号 | 123456780 | | | | | | | | |
| | 开户行 | 工行燕塘支行 | | 开户行 | 工行天河支行 | | | | | | | | |
| 金额 | 人民币（大写）壹拾肆万玖仟壹佰陆拾元整 | | | | | 百 | 十 | 万 | 千 | 百 | 十 | 元 | 角 | 分 |
| | | | | | | | 1 | 4 | 9 | 1 | 6 | 0 | 0 | 0 |
| 票据种类 | | 票据张数 | | 开户行盖章 | | | | | | | | | |
| 票据号码 | | | | | | | | | | | | | |
| 复核： | | 记账 | | | | | | | | | | | |

图 3-22

（10）

中国工商银行信汇凭证（回单）

2019 年 12 月 25 日                     第　号

| 收款人 | 全称 | 山东华北股份有限公司 | 汇款人 | 全称 | 广东珠江股份有限公司 |
|---|---|---|---|---|---|
| | 账号 | 123456789 | | 账号 | 123456780 |
| | 汇入地点 | 济南 | 汇入行 | 经石支行 | 汇出地点 | 广州 | 汇出行 | 天河支行 |

| 金额 | （大写）壹拾壹万柒仟元整 | 百 | 十 | 万 | 千 | 百 | 十 | 元 | 角 | 分 |
|---|---|---|---|---|---|---|---|---|---|---|
| | | | 1 | 1 | 7 | 0 | 0 | 0 | 0 | 0 |

中国工商银行广州
天河支行
2019.12.25
转讫
年　月　日

| 汇款用途：付货款 | 汇出行盖章 |
|---|---|
| 单位主管：　会计：　记账：　复核 | |

图 3-23

（11）

代 开

广东省增值税专用发票　　　NO. ×××

发票联　　　开票时间：2019 年 12 月 28 日

| 购货单位 | 名称：广东珠江股份有限公司<br>纳税人识别号：420601078932836<br>地址、电话：广州市金穗路 8 号<br>开户行及账号：工行天河支行 123456780 | 密码区 | |
|---|---|---|---|

| 货物或应税劳务名称 | 规格型号 | 单位 | 数量 | 单价 | 金额 | 税率 | 税额 |
|---|---|---|---|---|---|---|---|
| C 材料 | M-1 | 个 | 1 000.00 | 60.00 | 60 000.00 | 3% | 1 800.00 |
| 合计 | | | | | 60 000.00 | | 1 800.00 |

| 价税合计（大写）：陆万壹仟捌佰元整　　　（小写）61 800.00 |
|---|

| 销货单位 | 名称：广州顺达有限责任公司<br>纳税人识别号：420601078932287<br>地址、电话：佛山市里海大道 6 号 422659874<br>开户行及账号：工行里海支行 65456311546 | 备注 广州顺达有限责任公司<br>420601078932287<br>发票专用章 |
|---|---|---|

收款人：××　　　复核：××　　　开票人：××　　　销货单位（章）

图 3-24

广东省增值税专用发票　　NO. ×××

发票联　　　　　　　开票时间：2019 年 12 月 29 日

| 购货单位 | 名称：广东珠江股份有限公司 纳税人识别号：420601078932836 地址、电话：广州市金穗路 8 号 开户行及账号：工行天河支行 123456780 | | 密码区 | | |
|---|---|---|---|---|---|

| 货物或应税劳务名称 | 规格型号 | 单位 | 数量 | 单价 | 金额 | 税率 | 税额 |
|---|---|---|---|---|---|---|---|
| 陆路运输服务 | | 元/千米 | 500 | 0.8 | 400 | 9% | 36 |

价税合计（大写）：肆佰叁拾陆元整　　　　　　（小写）436.00 元

| 销货单位 | 名称：广州顺丰物流有限公司 纳税人识别号：42060107893165 地址、电话：广州市同泰路 5 号 87652310 开户行及账号：工行白云支行 65456311587 | | 备注 | |
|---|---|---|---|---|

收款人：××　　　复核：××　　　开票人：××　　　销货单位（章）

图 3-25

入库单

2019 年 12 月 28 日

部门：采购部　　　　用途：生产用料　　　　单号：×××　　仓库：甲

| 编号 | 名称 | 规格 | 数量 | 单价 | 总额 | 备注 |
|---|---|---|---|---|---|---|
| 0003 | C 材料 | M-1 | 1 000 | | | |
| | | | | | | |
| 合计： | | | | | | |

仓管员：孙 涛　　　财务经理：李中华　　　仓库经理：程 刚

图 3-26

## 三、实训要求

1. 根据以上发生的经济业务，填制正确的会计凭证。

2. 根据编制的会计凭证，登记应付账款三栏式明细账。

3. 根据编制的会计凭证，登记数量金额式明细账。

## 四、实训工具

1. 准备记账凭证 20 张。
2. 准备进销存（数量金额式）明细分类账 10 张，准备三栏式明细账 10 张。
3. 准备剪刀 1 把、胶水 1 瓶、直尺 1 把。

# 实训二　计划成本法

## 一、实训目的

通过本次实训，学生基本上能够熟悉地利用存货计划成本方法对存货的购进、领用、销售出库进行正确的会计核算，以满足企业对存货的入库、出库的管理需要。

## 二、实训内容

1. 广东珠江股份有限公司存货期初库存明细表如表 3-3 所示：

表 3-3　　　　　　　　　　　　　　　　　　　　　　　　　　　　　　　　　金额单位：元

| 序号 | 名称 | 规格 | 计量单位 | 数量 | 实际单价 | 计划单价 | 实际金额 | 计划金额 | 材料成本差异 |
|---|---|---|---|---|---|---|---|---|---|
| 1 | A 材料 | X-1 | 个 | 5 000.00 | 84.00 | 80.00 | 420 000.00 | 400 000.00 | 20 000.00 |
| 2 | B 材料 | Y-1 | 个 | 2 000.00 | 53.00 | 50.00 | 106 000.00 | 100 000.00 | 6 000.00 |
| 3 | C 材料 | M-1 | 件 | 1 000.00 | 58.00 | 60.00 | 58 000.00 | 60 000.00 | -2 000.00 |
| | 合计 | | | | | | 584 000.00 | 560 000.00 | 24 000.00 |

2. 广东珠江股份有限公司采用计划成本法对存货成本进行核算。

3. 广东珠江股份有限公司 2019 年 12 月期初应付账款明细表如表 3-4 所示：

表 3-4

| 序号 | 公司名称 | 期初余额（元） |
|---|---|---|
| 1 | 广州环球有限责任公司 | 585 000.00 |
| 2 | 山东华北股份有限公司 | 117 000.00 |
| 3 | 深圳圳发有限责任公司 | 23 400.00 |
| 4 | 深圳永泰有限责任公司 | 702 000.00 |
| 5 | 佛山铝业有限责任公司 | 468 000.00 |
| | | |

4. 广东珠江股份有限公司 2019 年年初其他货币资金期初余额为 450 000.00 元。

5. 广东珠江股份有限公司 2019 年 12 月发生的具体经济业务如下（经济业务涉及凭证参见图 3-27～图 3-54）：

（1）

广东省增值税专用发票　　　NO. ×××

发票联　　　　　　开票时间：2019 年 12 月 1 日

| 购货单位 | 名称：广东珠江股份有限公司<br>纳税人识别号：420601078932836<br>地址、电话：广州市金穗路 8 号<br>开户行及账号：工行天河支行 123456780 | | | | | 密码区 | | |
|---|---|---|---|---|---|---|---|---|
| 货物或应税劳务名称 | 规格型号 | 单位 | 数量 | 单价 | 金额 | 税率 | 税额 |
| A 材料 | X-1 | 个 | 500.00 | 82.00 | 41 000.00 | 13% | 5 330.00 |
| B 材料 | Y-1 | 个 | 1 000.00 | 48.00 | 48 000.00 | 13% | 6 240.00 |
| 合计 | | | | | 89 000.00 | | 11 570.00 |

价税合计（大写）：壹拾万零伍佰柒拾元整　　　（小写）100 570.00

| 销货单位 | 名称：广州环球有限责任公司<br>纳税人识号：420601078932842<br>地址、电话：广州市长兴路 11 号 61115436<br>开户行及账号：工行天河支行 65456313034 | 备注 |
|---|---|---|

收款人：××　　　复核：××　　　开票人：××　　　销货单位（章）

图 3-27

入库单

2019 年 12 月 2 日　　　　　　　单号：×××

部门：采购部　　　用途：生产用料　　　仓库：甲

| 编号 | 名称 | 规格 | 数量 | 单价 | 总额 | 备注 |
|---|---|---|---|---|---|---|
| 0001 | A 材料 | X-1 | 500.00 | 82.00 | 41 000.00 | |
| 0002 | B 材料 | Y-1 | 1 000.00 | 48.00 | 48 000.00 | |
| | | | | | | |
| | | | | | | |
| | | | | | | |
| | | | | | | |
| 合计：捌万玖仟元整 | | | | | 89 000.00 | |

仓管员：孙涛　　　财务经理：李中华　　　仓库经理：程刚

图 3-28

中国工商银行支票

| 中国工商银行支票存根 | 出票人日期：（大写）贰零壹玖年壹拾贰月零伍日 |
|---|---|
| ××× | 付款行名称：工行天河支行 |
| 附加信息 | 收款人：广州环球有限责任公司　　　出票人账号 123456780 |
| 购货 | |

| | 人民币（大写）壹拾万零伍佰柒拾元整 | 百 | 十 | 万 | 千 | 百 | 十 | 元 | 角 | 分 |
|---|---|---|---|---|---|---|---|---|---|---|
| | | | 1 | 0 | 0 | 5 | 7 | 0 | 0 | 0 |

| 出票日期　年　月　日 | 用途： |
|---|---|
| 收款人 | 上列款项请从 |
| 金额 | 我账户支付 |
| 用途 | 出票人签章 |
| 单位主管 | 复核　记账 |
| 会计 | |

广东珠江股份有限公司财务专用章

刘 强

图 3-29

（2）

山东省增值税专用发票　　　NO. ×××

发票联　　　　开票时间：2019 年 12 月 6 日

| 购货单位 | 名称：广东珠江股份有限公司 | | | | 密码区 | | |
|---|---|---|---|---|---|---|---|
| | 纳税人识别号：420601078932836 | | | | | | |
| | 地址、电话：广州市金穗路 8 号 | | | | | | |
| | 开户行及账号：工行天河支行 123456780 | | | | | | |

| 货物或应税劳务名称 | 规格型号 | 单位 | 数量 | 单价 | 金额 | 税率 | 税额 |
|---|---|---|---|---|---|---|---|
| C 材料 | M-1 | 件 | 6 000.00 | 62.00 | 372 000.00 | 13% | 48 360.00 |
| 合计 | | | | | 372 000.00 | | 48 360.00 |

| 价税合计（大写）：肆拾贰万零叁佰陆拾元整 | （小写）420 360.00 | |
|---|---|---|

| 销货单位 | 名称：山东华北股份有限公司 | 备注 |
|---|---|---|
| | 纳税人识号：540321564654897 | |
| | 地址、电话：济南市经石路 6 号 7689321 | |
| | 开户行及账号：建行经石支行 123456789 | |

收款人：×× 　　复核：×× 　　开票人：×× 　　销货单位（章）

山东华北股份有限公司 540321564654897 发票专用章

图 3-30

## 入库单

2019 年 12 月 15 日　　　　　　　　　　　　　　　单号：×××

部门：采购部　　　　　　　用途：生产用料　　　　　　仓库：甲

| 编号 | 名称 | 规格 | 数量 | 单价 | 总额 | 备注 |
|------|------|------|------|------|------|------|
| 0003 | C 材料 | M-1 | 6 000.00 | 62.00 | 372 000.00 | |
| | | | | | | |
| | | | | | | |
| | | | | | | |
| | | | | | | |
| | | | | | | |
| 合计：叁拾柒万贰仟元整 | | | | | 372 000.00 | |

仓管员：孙　涛　　　　　财务经理：李中华　　　　　仓库经理：程　刚

图 3-31

（3）

广东省增值税专用发票　　　　NO. ×××

发票联　　　　　　　　　开票时间：2019 年 12 月 2 日

| 购货单位 | 名称：广东珠江股份有限公司<br>纳税人识别号：420601078932836<br>地址、电话：广州市金穗路 8 号<br>开户行及账号：工行天河支行 123456780 | | | | 密码区 | | |
|------|------|------|------|------|------|------|------|
| 货物或应税劳务名称 | 规格型号 | 单位 | 数量 | 单价 | 金额 | 税率 | 税额 |
| A 材料 | X-1 | 个 | 800.00 | 78.00 | 62 400.00 | 13% | 8 112.00 |
| B 材料 | Y-1 | 个 | 2 000.00 | 48.00 | 96 000.00 | 13% | 12 480.00 |
| 合计 | | | | | 158 400.00 | | 20 592.00 |
| 价税合计（大写）：壹拾柒万捌仟玖佰玖拾贰元整　　　（小写）178 992.00 | | | | | | | |
| 销货单位 | 名称：深圳圳发有限责任公司<br>纳税人识号：420601078934210<br>地址、电话：深圳市滨海大道 5 号 87654321<br>开户行及账号：工行滨海支行 65456314576 | | | | 备注 | | |

收款人：××　　　　复核：××　　　　开票人：××　　　　销货单位（章）发票专用章

图 3-32

入库单

2019 年 12 月 6 日

单号：×××

部门：采购部

用途：生产用料

仓库：甲

| 编号 | 名称 | 规格 | 数量 | 单价 | 总额 | 备注 |
|------|------|------|------|------|------|------|
| 0001 | A 材料 | X-1 | 800 | | | |
| 0002 | B 材料 | Y-1 | 2 000 | | | |
| | | | | | | |
| | | | | | | |
| | | | | | | |
| | | | | | | |
| 合计： | | | | | | |

仓管员： 孙 涛 　　　财务经理： 李中华 　　　仓库经理： 程 刚

图 3-33

广东省增值税专用发票　　　NO. ×××

发票联

开票时间：2019 年 12 月 6 日

| 购货单位 | 名称：广东珠江股份有限公司<br>纳税人识别号：420601078932836<br>地址、电话：广州市金穗路 8 号<br>开户行及账号：工行天河支行 123456780 | | | | 密码区 | | |
|------|------|------|------|------|------|------|------|

| 货物或应税劳务名称 | 规格型号 | 单位 | 数量 | 单价 | 金额 | 税率 | 税额 |
|------|------|------|------|------|------|------|------|
| 陆路运输服务 | | 元/千米 | 3 500 | 0.8 | 2 800 | 9% | 252 |
| | | | | | | | |

| 价税合计（大写）：叁仟零伍拾贰元整 | | | | | | （小写）3 052.00 元 | |

| 销货单位 | 名称：广州顺丰物流有限公司<br>纳税人识别号：42060107893165<br>地址、电话：广州市同泰路 5 号 87652310<br>开户行及账号：工行白云支行 65456311587 | | | | 备注 | | |

收款人：×× 　　复核：×× 　　开票人：×× 　　销货单位（章）发票专用章

图 3-34

（注：运输费用按金额比例分摊）

中国工商银行支票

| 中国工商银行支票存根 | 出票人日期：（大写）贰零壹玖年壹拾贰月零陆日 |
| --- | --- |
| ××× | 付款行名称：工行天河支行 |
| 附加信息 | 收款人：广州顺丰物流有限公司　　　　出票人账号 123456780 |
| 付运费 | |

| | | 人民币（大写）叁仟零伍拾贰元整 | 百 | 十 | 万 | 千 | 百 | 十 | 元 | 角 | 分 |
| --- | --- | --- | --- | --- | --- | --- | --- | --- | --- | --- | --- |
| | | | | | | 3 | 0 | 5 | 2 | 0 | 0 |

| 出票日期　年　月　日 | 用途： |
| --- | --- |
| 收款人 | 上列款项请从 |
| 金额 | 我账户支付 |
| 用途 | 出票人签章 |
| 单位主管 | 复核　记账 |
| 会计 | |

（公司财务专用章　广东珠江股份有限）

刘　强

图 3-35

（4）

广东省增值税普通发票　　　　NO. ×××

发票联　　　　　开票时间：2019 年 12 月 6 日

| 购货单位 | 名称：广东珠江股份有限公司<br>纳税人识别号：420601078932836<br>地址、电话：广州市金穗路 8 号<br>开户行及账号：工行天河支行 123456780 | | | | 密码区 | | | |
| --- | --- | --- | --- | --- | --- | --- | --- | --- |
| 货物或应税劳务名称 | 规格型号 | 单位 | 数量 | 单价 | 金额 | 税率 | 税额 |
| A 材料 | X-1 | 个 | 200.00 | 72.649 5 | 14 529.90 | 13% | 1 888.89 |
| B 材料 | Y-1 | 个 | 100.00 | 44.444 4 | 4 444.44 | 13% | 577.78 |
| 合计 | | | | | 18 974.34 | | 2 466.67 |

| 价税合计（大写）：贰万壹仟肆佰肆拾元零角壹分　　　　（小写）21 441.01 元 | |
| --- | --- |
| 销货单位 | 名称：深圳永泰有限责任公司<br>纳税人识号：420601078958761<br>地址、电话：深圳市前进路 15 号 87654321<br>开户行及账号：工行宝安支行 65456319087 | 备注 |

收款人：××　　　复核：××　　　开票人：××　　　销货单位（章）

图 3-36

## 入库单

2019 年 12 月 8 日　　　　　　　　　　　　单号：×××

部门：采购部　　　　　　　　　　用途：生产用料　　　　　　　　　　仓库：甲

| 编号 | 名称 | 规格 | 数量 | 单价 | 总额 | 备注 |
|------|------|------|------|------|------|------|
| 0001 | A 材料 | X-1 | 200.00 | 82.09 | 16 418.79 | |
| 0002 | B 材料 | Y-1 | 100.00 | 50.22 | 5 022.22 | |
| | | | | | | |
| | | | | | | |
| | | | | | | |
| | | | | | | |
| 合计：贰万壹仟肆佰肆拾壹元零角壹分 | | | | | 21 441.01 | |

仓管员：　孙　涛　　　　　财务经理：　李中华　　　　　仓库经理：　程　刚

图 3-37

（5）

广东省增值税专用发票　　　NO. ×××

发票联　　　　　开票时间：2019 年 12 月 9 日

| 购货单位 | 名称：广东珠江股份有限公司<br>纳税人识别号：420601078932836<br>地址、电话：广州市金穗路 8 号<br>开户行及账号：工行天河支行 123456780 | | | | 密码区 | | |
|---|---|---|---|---|---|---|---|
| 货物或应税劳务名称 | 规格型号 | 单位 | 数量 | 单价 | 金额 | 税率 | 税额 |
| A 材料 | X-1 | 个 | 1 000 | 82.00 | 82 000.00 | 13% | 10 660.00 |
| B 材料 | Y-1 | 个 | 1 500 | 51.00 | 76 500.00 | 13% | 9 945.00 |
| | | | | | | | |
| 合计 | | | | | 158 500.00 | | 20 605.00 |
| 价税合计（大写）：壹拾柒万玖仟壹佰零伍元整　　　（小写）179 105.00 | | | | | | | |
| 销货单位 | 名称：深圳圳发有限责任公司<br>纳税人识号：420601078934210<br>地址、电话：深圳市滨海大道 5 号 87654321<br>开户行及账号：工行滨海支行 65456314576 | | | | 备注 | | |

收款人：××　　　　复核：××　　　　开票人：××　　　　销货单位（章）发票专用章

图 3-38

中国工商银行承兑汇票

出票日期：贰零壹玖年壹拾贰月零玖日

| 出票人 | 全称 | 广东珠江股份有限公司 | 收款人 | 全称 | 深圳圳发有限责任公司 |
|---|---|---|---|---|---|
| | 账号 | 123456780 | | 账号 | 65456314576 |
| | 开户行 | 工行天河支行 | | 开户行 | 工行滨海支行 |

| 出票金额 | 人民币（大写）壹拾柒万玖仟壹佰零伍元整 | 十 | 万 | 千 | 百 | 十 | 元 | 角 | 分 |
|---|---|---|---|---|---|---|---|---|---|
| | | 1 | 7 | 9 | 1 | 0 | 5 | 0 | 0 |

| 汇票到期日（大写） | 贰零贰零年叁月零玖日 | 行号 |
|---|---|---|
| 承兑协议号 | | 地址 |
| 本汇票请你行承兑，到期无条件付款 | 本汇票已经承兑，到期由本行付款 | |
| 出票人签章 刘 强 | | 记账： 复核： |

图 3-39

（6）

广东省增值税专用发票　　NO. ×××

发票联　　　　　　开票时间：2019 年 12 月 10 日

| 购货单位 | 名称：广东珠江股份有限公司<br>纳税人识别号：420601078932836<br>地址、电话：广州市金穗路 8 号<br>开户行及账号：工行天河支行 123456780 | 密码区 | |
|---|---|---|---|

| 货物或应税劳务名称 | 规格型号 | 单位 | 数量 | 单价 | 金额 | 税率 | 税额 |
|---|---|---|---|---|---|---|---|
| C 材料 | M-1 | 个 | 1 800 | 62.00 | 111 600.00 | 13% | 14 508.00 |
| 合计 | | | | | 111 600.00 | | 14 508.00 |

| 价税合计（大写）：壹拾贰万陆仟壹佰零捌元整 　　（小写）126 108.00 | |
|---|---|

| 销货单位 | 名称：佛山铝业有限责任公司<br>纳税人识别号：420601078931429<br>地址、电话：佛山市南海大道 65 号 4448888<br>开户行及账号：工行南海支行 65456319876 | 备注 |
|---|---|---|

收款人：×× 　　　复核：×× 　　　开票人：×× 　　　销货单位（章）

图 3-40

广东省增值税专用发票　　NO. ×××

发票联　　　　　　　　　　开票时间：2019 年 12 月 12 日

| 购货单位 | 名称：广东珠江股份有限公司 | | | | | 密码区 | | |
|---|---|---|---|---|---|---|---|---|
| | 纳税人识别号：420601078932836 | | | | | | | |
| | 地址、电话：广州市金穗路 8 号 | | | | | | | |
| | 开户行及账号：工行天河支行 123456780 | | | | | | | |
| 货物或应税劳务名称 | 规格型号 | 单位 | 数量 | 单价 | 金额 | 税率 | 税额 | |
| 陆路运输服务 | | 元/千米 | 3 500 | 0.8 | 2 800 | 9% | 252 | |
| 价税合计（大写）：叁仟零伍拾贰元整 | | | | | | （小写）3 052.00 元 | | |
| 销货单位 | 名称：广州顺丰物流有限公司 | | | | | 备注 | | |
| | 纳税人识别号：42060107893165 | | | | | | | |
| | 地址、电话：广州市同泰路 5 号 87652310 | | | | | | | |
| | 开户行及账号：工行白云支行 65456311587 | | | | | | | |

收款人：××　　　　复核：××　　　　开票人：××　　　　销货单位（章）发票专用章

图 3-41

中国工商银行支票

| 中国工商银行支票存根 | 出票人日期：（大写）贰零壹玖年壹拾贰月壹拾壹日 | | | | | | | | | | |
|---|---|---|---|---|---|---|---|---|---|---|---|
| ××× | 付款行名称：工行天河支行 | | | | | | | | | | |
| 附加信息 | 收款人：广州顺丰物流有限公司　　　　出票人账号 123456780 | | | | | | | | | | |
| 付运费 | | | | | | | | | | | |
| | 人民币（大写）叁仟零伍拾贰元整 | 百 | 十 | 万 | 千 | 百 | 十 | 元 | 角 | 分 | |
| | | | | | 3 | 0 | 5 | 2 | 0 | 0 | |
| 出票日期　年　月　日 | | | | | | | | | | | |
| 收款人 | 用途： | | | | | | | | | | |
| 金额 | 上列款项请从我账户支付 | 广东珠江股份有限公司财务专用章 | | | 刘 强 | | | | | | | |
| 用途 | 出票人签章 | | | | | | | | | | |
| 单位主管 | | | | | | | | | | | |
| 会计 | | | | | | | | 复核　记账 | | | |

图 3-42

## 入库单

2019 年 12 月 8 日
单号：×××

部门：采购部
用途：生产用料
仓库：甲

| 编号 | 名称 | 规格 | 数量 | 单价 | 总额 | 备注 |
|---|---|---|---|---|---|---|
| 0003 | C 材料 | M-1 | 1 700.00 | | | |
| | | | | | | |
| | | | | | | |
| | | | | | | |
| | | | | | | |
| | | | | | | |
| 合计： | | | | | | |

仓管员：孙 涛
财务经理：李中华
仓库经理：程 刚

**图 3-43**

（注：差额部分由物流公司广州顺丰赔偿）

（7）

## 珠江公司领料单

部门：A 车间　用途：生产甲产品　投产量：1 000　投产时间：2019 年 12 月 5 日　单号：1201

| 名称 | 规格 | 计量单位 | 数量 | 计划单价 | 计划总额 | 备注 |
|---|---|---|---|---|---|---|
| A | X-1 | 个 | 1 000.00 | | | |
| B | Y-1 | 个 | 1 000.00 | | | |
| C | M-1 | 件 | 2 000.00 | | | |
| | | | | | | |
| | | | | | | |
| | | | | | | |
| | | | | | | |
| | | | | | | |
| 合计 | | | | | | |

制表：××　PMC：××　物料经理：程 刚　财务经理：李中华

**图 3-44**

（8）

**珠江公司领料单**

部门：A 车间　用途：车间一般耗用　投产量：　投产时间：2019 年 12 月 8 日　单号：1202

| 名称 | 规格 | 计量单位 | 数量 | 计划单价 | 计划总额 | 备注 |
|---|---|---|---|---|---|---|
| A | X-1 | 个 | 100.00 | | | |
| B | Y-1 | 个 | 100.00 | | | |
| C | M-1 | 件 | 200.00 | | | |
| | | | | | | |
| | | | | | | |
| | | | | | | |
| | | | | | | |
| | | | | | | |
| 合计 | | | | | | |

制表：×× 　PMC：×× 　物料经理：程　刚 　财务经理：李中华

**图 3-45**

（9）

**珠江公司领料单**

部门：销售部　用途：对外销售　投产量：　投产时间：2019 年 12 月 10 日　单号：1203

| 名称 | 规格 | 计量单位 | 数量 | 计划单价 | 计划总额 | 备注 |
|---|---|---|---|---|---|---|
| A | X-1 | 个 | 400.00 | | | |
| B | Y-1 | 个 | 400.00 | | | |
| C | M-1 | 件 | 600.00 | | | |
| | | | | | | |
| | | | | | | |
| | | | | | | |
| | | | | | | |
| 合计 | | | | | | |

制表：×× 　PMC：×× 　物料经理：程　刚 　财务经理：李中华

**图 3-46**

广东省增值税专用发票　　NO. ×××

发票联

开票时间：2019 年 12 月 10 日

| 购货单位 | 名称：广东燕塘股份有限公司<br>纳税人识别号：420601078939850<br>地址、电话：广州市燕岭路 19 号<br>开户行及账号：工行燕塘支行 876543210 | | | | | 密码区 | | |
|---|---|---|---|---|---|---|---|---|
| 货物或应税劳务名称 | 规格型号 | 单位 | 数量 | 单价 | 金额 | 税率 | 税额 |
| A 材料 | X-1 | 个 | 400 | 120.00 | 48 000.00 | 13% | 6 240.00 |
| B 材料 | Y-1 | 个 | 400 | 90.00 | 36 000.00 | 13% | 4 680.00 |
| C 材料 | M-1 | 件 | 600 | 80.00 | 48 000.00 | 13% | 6 240.00 |
| 合计 | | | | | 132 000.00 | | 17 160.00 |

价税合计（大写）：壹拾肆万玖仟壹佰陆拾元整　　　（小写）149 160.00

| 销货单位 | 名称：广东珠江股份有限公司<br>纳税人识别号：4206010789322837<br>地址、电话：广州市金穗路 8 号<br>开户行及账号：工行天河支行 123456780 | 备注 |
|---|---|---|

收款人：×× 　　　复核：×× 　　　开票人：×× 　　　销货单位（章）

图 3-47

中国工商银行进账单（回单）

2019 年 12 月 14 日

| 出票人 | 全称 | 广东燕塘股份有限公司 | 收款人 | 全称 | 广东珠江股份有限公司 | | | | | | | | | |
|---|---|---|---|---|---|---|---|---|---|---|---|---|---|---|
| | 账号 | 876543210 | | 账号 | 123456780 | | | | | | | | | |
| | 开户行 | 工行燕塘支行 | | 开户行 | 工行天河支行 | | | | | | | | | |
| 金额 | 人民币（大写）壹拾肆万玖仟壹佰陆拾元整 | | | | 百 | 十 | 万 | 千 | 百 | 十 | 元 | 角 | 分 |
| | | | | | | 1 | 4 | 9 | 1 | 6 | 0 | 0 | 0 |
| 票据种类 | | 票据张数 | | 开户行盖章 | | | | | | | | | |
| 票据号码 | | | | | | | | | | | | | |
| 复核： | | 记账 | | | | | | | | | | | |

图 3-48

（10）

**中国工商银行信汇凭证（回单）**

2019 年 12 月 25 日　　　　　　　　　　　　第　　号

| 收款人 | 全称 | 山东华北股份有限公司 | | 汇款人 | 全称 | 广东珠江股份有限公司 | | | | | | | | |
|---|---|---|---|---|---|---|---|---|---|---|---|---|---|
| | 账号 | 123456789 | | | 账号 | 123456780 | | | | | | | |
| | 汇入地点 | 济南 | 汇入行 | 经石支行 | | 汇出地点 | 广州 | 汇出行 | 天河支行 | | | | |
| 金额 | （大写）壹拾壹万柒仟元整 | | | | | 百 | 十 | 万 | 千 | 百 | 十 | 元 | 角 | 分 |
| | | | | | | | 1 | 1 | 7 | 0 | 0 | 0 | 0 | 0 |
| 汇款用途： | | | | 汇出行盖章 | | | | | | | | | |
| 单位主管：　　会计：　　记账：　　复核： | | | | | | | | | | | | | |

（印章：中国工商银行济南经石支行　2019.12.25　转讫　年　月　日）

图 3-49

**中国工商银行业务收费凭证**

币别：CNY　　　　　　　　2019 年 12 月 4 日　　　　　　　流水号：×××

| 付款人 | | | 账号 | | |
|---|---|---|---|---|---|
| 项目名称 | 工本费 | 手续费 | 电子汇划费 | | 金额 |
| | | | 50.00 | | 50.00 |
| | | | | | |
| | | | | | |
| | | | | | |
| | | | | | |
| 金额（大写）伍拾元整 | | | | | 50.00 |
| 付款方式：银行划扣 | | | | | |

（印章：中国工商银行广州天河支行　2019.12.25　转讫）

图 3-50

（11）

**材料成本差异率计算表**

| 期初材料成本差异额 | 本期材料成本差异额 | 小计 | 期初材料计划成本额 | 本期材料计划成本额 | 小计 | 本期材料成本差异率 |
|---|---|---|---|---|---|---|
| | | | | | | |
| | | | | | | |

制表：　王小丽　　　　　　　　　　　　　　审核：　李中华

图 3-51

（注：材料成本差异率保留小数点后 4 位数）

（12）

**成本差异额计算表**

部门：销售部　用途：对外销售　投产量：　投产时间：2019 年 12 月 10 日

| 名称 | 规格 | 计量单位 | 数量 | 计划单价 | 计划总额 | 差异率 | 差异额 |
|---|---|---|---|---|---|---|---|
| A | X-1 | 个 | 400.00 | | | | |
| B | Y-1 | 个 | 400.00 | | | | |
| C | M-1 | 件 | 600.00 | | | | |
| | | | | | | | |
| | | | | | | | |
| | | | | | | | |
| | | | | | | | |
| 合计 | | | | | | | |

制表：王小丽　　　　　　　审核：李中华

图 3-52

**成本差异额计算表**

部门：A 车间　用途：车间一般耗用　投产量：　投产时间：2019 年 12 月 8 日

| 名称 | 规格 | 计量单位 | 数量 | 计划单价 | 计划总额 | 差异率 | 差异额 |
|---|---|---|---|---|---|---|---|
| A | X-1 | 个 | 100.00 | | | | |
| B | Y-1 | 个 | 100.00 | | | | |
| C | M-1 | 件 | 200.00 | | | | |
| | | | | | | | |
| | | | | | | | |
| | | | | | | | |
| | | | | | | | |
| 合计 | | | | | | | |

制表：王小丽　　　　　　　审核：李中华

图 3-53

**成本差异额计算表**

部门：A 车间　用途：生产甲产品　投产量：1 000　投产时间：2019 年 12 月 5 日

| 名称 | 规格 | 计量单位 | 数量 | 计划单价 | 计划总额 | 差异率 | 差异额 |
|------|------|----------|------|----------|----------|--------|--------|
| A | X-1 | 个 | 1 000.00 | | | | |
| B | Y-1 | 个 | 1 000.00 | | | | |
| C | M-1 | 件 | 2 000.00 | | | | |
| | | | | | | | |
| | | | | | | | |
| | | | | | | | |
| | | | | | | | |
| | | | | | | | |
| 合计 | | | | | | | |

制表：王小丽　　　　　　　　　审核：李中华

图 3-54

## 三、实训要求

1. 根据以上发生的经济业务，填制正确的会计凭证。

2. 根据编制的会计凭证，登记应付账款、应付票据三栏式明细账。

3. 根据编制的会计凭证，登记数量金额式明细账。

4. 根据编制的会计凭证，登记材料成本差异三栏式明细账。

## 四、实训工具

1. 准备记账凭证 30 张。

2. 准备进销存（数量金额式）明细账 20 张，准备三栏式明细账 10 张。

3. 准备剪刀 1 把、胶水 1 瓶、直尺 1 把。

# 项目四　销售及应收岗位实训

## 一、实训目的

1. 经过本次实训，学生能够掌握应收账款、应收票据的会计业务处理。

2. 经过本次实训，学生能够掌握产品销售成本结转的会计业务处理。

3. 经过本次实训，学生能够正确计算增值税的销项税额、消费税等，并能够进行正确的会计业务处理。

## 二、实训内容

1. 2019 年 12 月 1 日广东珠江股份有限公司库存商品期初明细表如表 4-1 所示：

表 4-1

| 名　称 | 规格 | 计量单位 | 数量 | 单价 | 金额 |
|---|---|---|---|---|---|
| 甲产品 | A-1 | 个 | 2 000.00 | 80.00 | 160 000.00 |
| 乙产品 | B-1 | 个 | 3 000.00 | 100.00 | 300 000.00 |
| A 材料 | C-1 | 个 | 5 000.00 | 20.00 | 100 000.00 |
| 合计 | | | | | 560 000.00 |

2. 广东珠江股份有限公司存货成本的结转方法采用月末一次加权平均法。

3. 广东珠江股份有限公司为增值税一般纳税人企业，适用增值税税率为 13%，销售甲产品、乙产品、A 材料都必须缴纳增值税，销售乙产品还必须缴纳消费税，适用消费税税率为 5%。

4. 广东珠江股份有限公司 2019 年 12 月发生的经济业务如下（经济业务涉及凭证参见图 4-1~图 4-25）：

（1）

广东省增值税专用发票　　　　　NO. ×××
发票联　　　　　开票时间：2019 年 12 月 1 日

| 购货单位 | 名称：上海环球制造有限公司<br>纳税人识别号：536401208195<br>地址、电话：上海北京路 168 号<br>开户行及账号：工行北京支行 589421012 | | | | | 密码区 | | |
|---|---|---|---|---|---|---|---|---|
| 货物或应税劳务名称 | 规格型号 | 单位 | 数量 | 单价 | 金额 | 税率 | 税额 |
| 甲产品 | A-1 | 个 | 500 | 120.00 | 60 000.00 | 13% | 7 800.00 |
| 合计 | | | | | 60 000.00 | | 7 800.00 |
| 价税合计（大写）：陆万柒仟捌佰元整　　　　（小写）67 800.00 | | | | | | | |
| 销货单位 | 名称：广东珠江股份有限公司<br>纳税人识别号：420601078932287<br>地址、电话：广州市金穗路 8 号 86990231<br>开户行及账号：工行天河支行 123456780 | | | | | 备注 | | |

收款人：××　　　　复核：××　　　　开票人：××　　　　销货单位（章）

广东珠江股份有限公司
420601078932287
发票专用章

图 4-1

广东珠江公司出库单

部门：销售部　　　　用途：产品销售　　　　时间：　　　　单号：

| 名称 | 规格 | 计量单位 | 数量 | 单价 | 总额 | 备注 |
|---|---|---|---|---|---|---|
| 甲产品 | A-1 | 个 | 500.00 | | | |
| | | | | | | |
| | | | | | | |
| | | | | | | |
| | | | | | | |
| | | | | | | |
| | | | | | | |
| | | | | | | |
| 合计 | | | 500.00 | | | |

制表：孙　涛　　　　物料经理：程　刚　　　　财务经理：李中华

图 4-2

（2）

## 中国工商银行支票

| 中国工商银行支票存根 | 出票人日期：（大写）贰零壹玖年壹拾贰月零贰日 |
|---|---|
| ×××<br>附加信息<br>购货 | 付款行名称：工行黄埔支行<br>收款人：广东珠江股份有限公司　　出票人账号 365248901235 |

| | | 百 | 十 | 万 | 千 | 百 | 十 | 元 | 角 | 分 |
|---|---|---|---|---|---|---|---|---|---|---|
| | 人民币（大写）贰万贰仟陆佰元整 | | | 2 | 2 | 6 | 0 | 0 | 0 | 0 |

| 出票日期　年　月　日 | |
|---|---|
| 收款人 | 用途：<br>上列款项请从<br>我账户支付<br>出票人签章 |
| 金额 | |
| 用途 | |
| 单位主管 | |
| 会计 | |

公司财务专用章　广州通用设备有限

张　丽

复核　记账

图 4-3

## 中国工商银行进账单（回单）

2019 年 12 月 22 日

| 出票人 | 全称 | 广州通用设备有限公司 | 收款人 | 全称 | 广东珠江股份有限公司 |
|---|---|---|---|---|---|
| | 账号 | 9589421684 | | 账号 | 123456780 |
| | 开户行 | 工行黄埔支行 | | 开户行 | 工行天河支行 |

| 金额 | 人民币<br>（大写）贰万贰仟陆佰元整 | 百 | 十 | 万 | 千 | 百 | 十 | 元 | 角 | 分 |
|---|---|---|---|---|---|---|---|---|---|---|
| | | | | 2 | 2 | 6 | 0 | 0 | 0 | 0 |

中国工商银行广州天河支行　2019.12.22　转讫

| 票据种类 | | 票据张数 | | 开户行盖章 |
|---|---|---|---|---|
| 票据号码 | | | | |
| 复核： | | 记账 | | |

图 4-4

## 广东珠江公司出库单

部门：销售部　　用途：产品销售　　时间：　　　　单号：××

| 名称 | 规格 | 计量单位 | 数量 | 单价 | 总额 | 备注 |
|---|---|---|---|---|---|---|
| 乙产品 | B-1 | 个 | 200.00 | | | |
| | | | | | | |
| | | | | | | |
| | | | | | | |
| 合计 | | | 200.00 | | | |

制表：孙　涛　　物料经理：程　刚　　财务经理：李中华

图 4-5

广东省增值税普通发票　　　NO.×××

发票联　　　　　　　　开票时间：2019 年 12 月 21 日

| 购货单位 | 名称：广州通用设备有限公司<br>纳税人识别号：6548213044560<br>地址、电话：广州黄埔路 128 号<br>开户行及账号：工行黄埔支行 589421684 | | | | | 密码区 | | |
|---|---|---|---|---|---|---|---|---|
| 货物或应税劳务名称 | 规格型号 | 单位 | 数量 | 单价 | 金额 | 税率 | 税额 |
| 乙产品 | B-1 | 个 | 200.00 | 100.00 | 20 000.00 | 13% | 2 600.00 |
| 合计 | | | | | 20 000.00 | | 2 600.00 |
| 价税合计（大写）：贰万贰仟陆佰元整　　　　（小写）22 600.00 元 | | | | | | | |
| 销货单位 | 名称：广东珠江股份有限公司<br>纳税人识别号：420601078932287<br>地址、电话：广州市金穗路 8 号 86990231<br>开户行及账号：工行天河支行 123456780 | | | | | 备注 | | |

收款人：×× 　　　　复核：×× 　　　　开票人：×× 　　　　销货单位（章）

图 4-6

（3）

第三生产车间成本计算单

产品名称：甲产品　　　　　　　　　2019 年 12 月　　　　　　　　　单位：元

生产部门：第三车间　　　完工合格产品数量：500 台　　　在产品量：20 台

| 项目 | 直接材料 | 直接人工 | 制造费用 | 合计 |
|---|---|---|---|---|
| 期初在产品成本 | 5 000.00 | 2 000.00 | 1 000.00 | 8 000.00 |
| 本月生产费用 | 10 000.00 | 20 000.00 | 2 000.00 | 32 000.00 |
| 生产费用合计 | 15 000.00 | 22 000.00 | 3 000.00 | 40 000.00 |
| 完工合格品数量 | 500.00 | 500.00 | 500.00 | |
| 在产品数量 | 20.00 | 20.00 | 20.00 | |
| 在产品约当量 | 20.00 | 10.00 | 10.00 | |
| 分配率 | 28.846 2 | 43.137 3 | 5.882 4 | 77.865 9 |
| 本月完工产品成本 | 14 423.10 | 21 568.65 | 2 941.20 | 38 932.95 |
| 完工产品单位成本 | 28.846 2 | 43.137 3 | 5.882 4 | 77.865 9 |
| 月末在产品成本 | 576.90 | 431.35 | 58.80 | 1 067.05 |

制表：王小丽　　　　　　　　　　审核：李中华

图 4-7

## 产品入库单

### 2019 年 12 月 22 日

部门：第三生产车间　　　　　　　　　　　　　　　　　　　　单号：×××
　　　　　　　　　　　　　　　　　　　　　　　　　　　　　　仓库：×××

| 编号 | 名称 | 规格 | 数量 | 单价 | 总额 | 备注 |
|---|---|---|---|---|---|---|
|  | 甲产品 | A-1 | 500 | 77.865 9 | 38 932.95 |  |
|  |  |  |  |  |  |  |
|  |  |  |  |  |  |  |
|  |  |  |  |  |  |  |
|  |  |  |  |  |  |  |
|  |  |  |  |  |  |  |
| 合计（大写）：叁万捌仟玖佰叁拾贰元玖角伍分 |  |  |  |  | 38 932.95 |  |

仓管员：　孙　涛　　　　　财务经理：　李中华　　　　　仓库经理：　程　刚

图 4-8

（4）

## 第三生产车间成本计算单

产品名称：乙产品　　　　　　　　　2019 年 12 月　　　　　　　　　　单位：元
生产部门：第三车间　　　　　　　完工合格产品数量：1 000 台　　　　　在产品量：0 台

| 项目 | 直接材料 | 直接人工 | 制造费用 | 合计 |
|---|---|---|---|---|
| 期初在产品成本 | 10 000.00 | 6 000.00 | 5 000.00 | 21 000.00 |
| 本月生产费用 | 40 000.00 | 35 000.00 | 12 000.00 | 87 000.00 |
| 生产费用合计 | 50 000.00 | 41 000.00 | 17 000.00 | 108 000.00 |
| 完工合格品数量 | 1 000.00 | 1 000.00 | 1 000.00 |  |
| 在产品数量 | 0 | 0 | 0 |  |
| 在产品约当量 | 0 | 0 | 0 |  |
| 分配率 | 50.00 | 41.00 | 17.00 | 108.00 |
| 本月完工产品成本 | 50 000.00 | 41 000.00 | 17 000.00 | 108 000.00 |
| 完工产品单位成本 | 50.00 | 41.00 | 17.00 | 108.00 |
| 月末在产品成本 | 0 | 0 | 0 | 0 |

制表：　王小丽　　　　　　　　　　　　　审核：　李中华

图 4-9

## 产品入库单

2019 年 12 月 22 日 　　　　　　　　　　　　　　　　　　单号：×××

部门：第三生产车间 　　　　　　　　　　　　　　　　　　仓库：×××

| 编号 | 名称 | 规格 | 数量 | 单价 | 总额 | 备注 |
|---|---|---|---|---|---|---|
|  | 乙产品 | B-1 | 1 000 | 108.00 | 108 000.00 |  |
|  |  |  |  |  |  |  |
|  |  |  |  |  |  |  |
|  |  |  |  |  |  |  |
|  |  |  |  |  |  |  |
|  |  |  |  |  |  |  |
| 合计（大写）：壹拾万零捌仟元整 |  |  |  |  | 108 000.00 |  |

仓管员： 孙　涛 　　　　财务经理： 李中华 　　　　仓库经理： 程　刚

图 4-10

（5）

广东省增值税专用发票　　　　NO. ×××

发票联　　　　开票时间：2019 年 12 月 8 日

| 购货单位 | 名称：北京北方制造有限公司<br>纳税人识别号：65640129840<br>地址、电话：北京建国路 25 号<br>开户行及账号：工行建国支行 896421123 | | | | 密码区 | | |
|---|---|---|---|---|---|---|---|
| 货物或应税劳务名称 | 规格型号 | 单位 | 数量 | 单价 | 金额 | 税率 | 税额 |
| 甲产品 | A-1 | 个 | 600 | 140.00 | 84 000.00 | 13% | 10 920.00 |
|  |  |  |  |  |  |  |  |
| 合计 |  |  |  |  | 84 000.00 |  | 10 920.00 |
| 价税合计（大写）：玖万肆仟玖佰贰拾元整　　　（小写）94 920.00 | | | | | | | |
| 销货单位 | 名称：广东珠江股份有限公司<br>纳税人识别号：420601078932287<br>地址、电话：广州市金穗路 8 号 86990231<br>开户行及账号：工行天河支行 123456780 | | | | 备注 | | |

收款人：×× 　　　复核：×× 　　　开票人：×× 　　　销货单位（章）

图 4-11

### 广东珠江公司出库单

部门：销售部　　　用途：产品销售　　　时间：　　　单号：

| 名称 | 规格 | 计量单位 | 数量 | 单价 | 总额 | 备注 |
|---|---|---|---|---|---|---|
| 甲产品 | A-1 | 个 | 600.00 | | | |
| | | | | | | |
| | | | | | | |
| | | | | | | |
| 合计 | | | 600.00 | | | |

制表：　孙涛　　　物料经理：　程刚　　　财务经理：　李中华

图 4-12

### 信汇凭证

#### 中国工商银行信汇凭证（回单）

2019 年 12 月 9 日　　　　　　　　　第××号

| 收款人 | 全称 | 广东珠江股份有限公司 | | | 汇款人 | 全称 | 北京北方制造有限公司 | | | | | | | | | |
|---|---|---|---|---|---|---|---|---|---|---|---|---|---|---|---|---|
| | 账号 | 123456780 | | | | 账号 | 89642123 | | | | | | | | | |
| | 汇入地点 | 广州 | 汇入行 | 工行 | | 汇出地点 | 北京 | | 工行 | | | | | | | |
| 金额 | （大写）玖万肆仟玖佰贰拾元整 | | | | | | 百 | 十 | 万 | 千 | 百 | 十 | 元 | 角 | 分 | |
| | | | | | | | | | 9 | 4 | 9 | 2 | 0 | 0 | 0 | |
| 汇款用途： | | | | | 汇出行盖章 | | | | | | | | | | | |
| 单位主管：　会计：　记账：　复核 | | | | | | | | | | | | | | | | |

图 4-13

（6）　　　　　　　　**广东省增值税专用发票**　　　NO. ×××

**发票联**　　　开票时间：2019 年 12 月 9 日

| 购货单位 | 名称：广州时代有限公司<br>纳税人识别号：962401291235<br>地址、电话：广州长兴路 38 号<br>开户行及账号：工行长兴支行 125421548 | | | | | 密码区 | | |
|---|---|---|---|---|---|---|---|---|
| 货物或应税劳务名称 | 规格型号 | 单位 | 数量 | 单价 | 金额 | 税率 | 税额 | |
| A 材料 | C-1 | 个 | 1 000 | 40.00 | 40 000.00 | 13% | 5 200.00 | |
| 合计 | | | | | 40 000.00 | | 5 200.00 | |
| 价税合计（大写）：肆万伍仟贰佰元整　　（小写）45 200.00 | | | | | | | | |
| 销货单位 | 名称：广东珠江股份有限公司<br>纳税人识别号：420601078932287<br>地址、电话：广州市金穗路 8 号 86990231<br>开户行及账号：工行天河支行 123456780 | | | | | | | |

收款人：××　　　复核：××　　　开票人：××　　　销货单位（章）

图 4-14

**珠江公司领料单**

部门：销售部　　用途：销售　　投产量：　　投产时间：2019 年 12 月 9 日　　单号：×××

| 名称 | 规格 | 计量单位 | 数量 | 单价 | 总额 | 备注 |
|---|---|---|---|---|---|---|
| A 材料 | C-1 | 个 | 1 000.00 | | | |
| | | | | | | |
| | | | | | | |
| | | | | | | |
| | | | | | | |
| 合计 | | | 1 000.00 | | | |

制表：××　　物料经理：程　刚　　财务经理：李中华

**图 4-15**

（7）

**第三生产车间成本计算单**

产品名称：甲产品　　　　　　2019 年 12 月　　　　　　单位：元
生产部门：第三车间　　完工合格产品数量：1 000 台　　在产品量：0 台

| 项目 | 直接材料 | 直接人工 | 制造费用 | 合计 |
|---|---|---|---|---|
| 期初在产品成本 | 2 500.00 | 1 000.00 | 500.00 | 4 000.00 |
| 本月生产费用 | 45 000.00 | 30 000.00 | 6 000.00 | 81 000.00 |
| 生产费用合计 | 47 500.00 | 31 000.00 | 6 500.00 | 85 000.00 |
| 完工合格品数量 | 1 000.00 | 1 000.00 | 1 000.00 | |
| 在产品数量 | 0 | 0 | 0 | |
| 在产品约当量 | 0 | 0 | 0 | |
| 分配率 | 47.50 | 31.00 | 6.50 | 85.00 |
| 本月完工产品成本 | 47 500.00 | 31 000.00 | 6 500.00 | 85 000.00 |
| 完工产品单位成本 | 47.50 | 31.00 | 6.50 | 85.00 |
| 月末在产品成本 | 0 | 0 | 0 | 0 |

制表：王小丽　　　　　　审核：李中华

**图 4-16**

## 产品入库单

### 2019 年 12 月 22 日

部门：第三生产车间

单号：×××
仓库：×××

| 编号 | 名称 | 规格 | 数量 | 单价 | 总额 | 备注 |
|---|---|---|---|---|---|---|
| | 甲产品 | A-1 | 1 000 | 85.00 | 85 000.00 | |
| | | | | | | |
| | | | | | | |
| | | | | | | |
| | | | | | | |
| | | | | | | |
| 合计（大写）：捌万伍仟元整 | | | | | 85 000.00 | |

仓管员： 孙 涛　　　　财务经理： 李中华　　　　仓库经理： 程 刚

**图 4-17**

（8）

## 第三生产车间成本计算单

产品名称：乙产品　　　　　　　2019 年 12 月　　　　　　　　　单位：元

生产部门：第三车间　　　　完工合格产品数量：800 台　　　　　在产品量：20 台

| 项目 | 直接材料 | 直接人工 | 制造费用 | 合计 |
|---|---|---|---|---|
| 期初在产品成本 | 8 000.00 | 5 000.00 | 2 000.00 | 15 000.00 |
| 本月生产费用 | 30 000.00 | 25 000.00 | 9 000.00 | 64 000.00 |
| 生产费用合计 | 38 000.00 | 30 000.00 | 11 000.00 | 79 000.00 |
| 完工合格品数量 | 800.00 | 800.00 | 800.00 | |
| 在产品数量 | 20.00 | 20.00 | 20.00 | |
| 在产品约当量 | 10.00 | 10.00 | 10.00 | |
| 分配率 | 46.341 5 | 37.037 | 13.580 2 | 96.96 |
| 本月完工产品成本 | 37 073.20 | 29 629.60 | 10 864.16 | 77 566.96 |
| 完工产品单位成本 | 46.341 5 | 37.037 | 13.580 2 | 96.96 |
| 月末在产品成本 | 926.80 | 370.40 | 135.84 | 1 433.04 |

制表： 王小丽　　　　　　　　　　　审核： 李中华

**图 4-18**

**产品入库单**

2019 年 12 月 22 日　　单号：×××

部门：第三生产车间　　仓库：×××

| 编号 | 名称 | 规格 | 数量 | 单价 | 总额 | 备注 |
| --- | --- | --- | --- | --- | --- | --- |
| | 乙产品 | B-1 | 800 | 96.96 | 77 566.96 | |
| | | | | | | |
| | | | | | | |
| | | | | | | |
| | | | | | | |
| | | | | | | |
| 合计（大写）：柒万柒仟伍佰陆拾陆元玖角陆分 | | | | | 77 566.96 | |

仓管员：孙　涛　　财务经理：李中华　　仓库经理：程　刚

**图 4-19**

（9）

**广东省增值税专用发票**　　NO. ×××

**发票联**　　开票时间：2019 年 12 月 25 日

| | | | | | | | |
| --- | --- | --- | --- | --- | --- | --- | --- |
| 购货单位 | 名称：北京北方制造有限公司<br>纳税人识别号：65640129840<br>地址、电话：北京建国路 25 号<br>开户行及账号：工行建国支行 896421123 | | | | 密码区 | | |
| 货物或应税劳务名称 | 规格型号 | 单位 | 数量 | 单价 | 金额 | 税率 | 税额 |
| 甲产品 | A-1 | 个 | 1 000 | 130.00 | 130 000.00 | 13% | 16 900.00 |
| 合计 | | | | | 130 000.00 | | 16 900.00 |
| 价税合计（大写）：壹拾肆万陆仟玖佰元整 | | | | （小写）146 900.00 | | | |
| 销货单位 | 名称：广东珠江股份有限公司<br>纳税人识号：420601078932287<br>地址、电话：广州市金穗路 8 号 86990231<br>开户行及账号：工行天河支行 123456780 | | | | | 备注 | |

收款人：××　　复核：××　　开票人：××　　销货单位（章）

广东珠江股份有限公司 420601078932287 发票专用章

**图 4-20**

## 广东珠江公司出库单

部门：销售部　　　用途：产品销售　　　时间：　　　　单号：

| 名称 | 规格 | 计量单位 | 数量 | 单价 | 总额 | 备注 |
|---|---|---|---|---|---|---|
| 甲产品 | A-1 | 个 | 1 000.00 | | | |
| | | | | | | |
| | | | | | | |
| | | | | | | |
| 合计 | | | 1 000.00 | | | |

制表：孙　涛　　物料经理：程　刚　　财务经理：李中华

图 4-21

## 中国工商银行商业承兑汇票

出票日期：贰零壹玖年壹拾贰月贰拾伍日

| 付款人 | 全称 | 北京北方制造有限公司 | 收款人 | 全称 | 广东珠江股份有限公司 | | | | | | | | | |
|---|---|---|---|---|---|---|---|---|---|---|---|---|---|---|
| | 账号 | 896421123 | | 账号 | 123456780 | | | | | | | | | |
| | 开户行 | 工行 | | 开户行 | 工行 | | | | | | | | | |
| 出票金额 | 人民币（大写）壹拾肆万陆仟玖佰元整 | | | | 百 | 十 | 万 | 千 | 百 | 十 | 元 | 角 | 分 | |
| | | | | | | 1 | 4 | 6 | 9 | 0 | 0 | 0 | 0 | |
| 汇票到期日（大写） | 贰零贰零年叁月贰拾伍日 | | 付款人开户行 | 行号 | | | | | | | | | | |
| 交易合同号 | | | | 地址 | | | | | | | | | | |

本汇票已经承兑，到期无条件付款。

承兑人签章　　陶　吉
承兑日期　　年　月　日

本汇票请予以承兑于到期日付款。

出票人签章

北京北方制造有限公司财务专用章

图 4-22

（10）

广东省增值税专用发票　　　NO. ×××

发票联　　　　　　开票时间：2019 年 12 月 26 日

| 购货单位 | 名称：长春机械制造有限公司<br>纳税人识别号：458740127801<br>地址、电话：长春建设 225 号<br>开户行及账号：工行建国支行 896421123 | | | | 密码区 | | | |
|---|---|---|---|---|---|---|---|---|
| 货物或应税<br>劳务名称 | 规格型号 | 单位 | 数量 | 单价 | 金额 | 税率 | 税额 |
| 乙产品 | B-1 | 个 | 500 | 240.00 | 120 000.00 | 13% | 15 600.00 |
| 合计 | | | | | 120 000.00 | | 15 600.00 |

价税合计（大写）：壹拾叁万伍仟陆佰元整　　　（小写）135 600.00

| 销货单位 | 名称：广东珠江股份有限公司<br>纳税人识别号：420601078932287<br>地址、电话：广州市金穗路 8 号 86990231<br>开户行及账号：工行天河支行 123456780 | 广东珠江股份有限公司<br>420601078932287<br>发票专用章 |
|---|---|---|

收款人：××　　　复核：××　　　开票人：××　　　销货单位（章）

图 4-23

## 广东珠江公司出库单

部门：销售部　　　用途：产品销售　　　时间：　　　单号：

| 名称 | 规格 | 计量单位 | 数量 | 单价 | 总额 | 备注 |
|---|---|---|---|---|---|---|
| 乙产品 | B-1 | 个 | 500.00 | | | |
| | | | | | | |
| | | | | | | |
| | | | | | | |
| | | | | | | |
| | | | | | | |
| | | | | | | |
| | | | | | | |
| 合计 | | | 500.00 | | | |

制表：孙涛　　　物料经理：程刚　　　财务经理：李中华

图 4-24

（11）

产品销售成本计算表如下

| 名称 | 规格 | 计量单位 | 数量 | 单价 | 总额 | 备注 |
|------|------|----------|------|------|------|------|
| 甲产品 | A-1 | 个 | | | | |
| 乙产品 | B-1 | 个 | | | | |
| A 材料 | C-1 | 个 | | | | |
| 合计 | 大写（人民币） | | | | | |

制表： 王小丽          审核： 李中华

**图 4-25**

## 三、实训要求

1. 根据上述发生的经济业务，正确地编制记账凭证。

2. 正确地登记应收账款、应收票据、主营业务成本、主营业务收入等相关会计科目的三栏式明细账。

3. 根据编制完成的记账凭证，登记应交增值税明细账。

## 四、实训工具

1. 准备记账凭证 20 张。

2. 准备三栏式明细账 10 张。

3. 准备应交增值税明细账 2 张。

4. 准备剪刀 1 把、胶水 1 瓶、直尺 1 把、长尾夹若干个。

# 项目五　应付职工薪酬岗位实训

## 一、实训目的

1. 通过本次实训，学生能够熟练地计提应付职工工资并进行相关的账务处理。

2. 通过本次实训，学生能够熟练地根据国家有关规定正确地计提"五险一金"并进行相关的会计处理。

3. 通过本次实训，学生能够熟练地根据所得税法相关规定正确地进行职工福利费的会计处理。

## 二、实训内容

1. 广东珠江股份有限公司考勤制度如下：

（1）根据国家有关法律规定，平均每月全勤天数为 21.75 天。

（2）因私事经公司相关领导批准后，以当月应付工资的全部应发金额除以 21.75 天作为每天事假扣款金额。

（3）无故迟到、早退在 15 分钟（含 15 分钟）以内的，每次扣款金额为 40 元，无故迟到早退超过 15 分钟的，视同旷工处理。

（4）无故旷工的，每天的扣款金额为事假扣款的 2 倍，直到本月应发工资扣完为止。

（5）因病请假的，请假时间在 3 天（含 3 天）以内的，按每天应发工资金额的 70%发放；请假时间在 3 天以上，7 天（含 7 天）以内的，按每天应发工资金额的 50%发放；请假时间超过 7 天的，按每天应发工资的 30%发放。

2. 广东珠江股份有限公司 2019 年 12 月考勤表如表 5-1 所示：

表 5-1

| 部门 | 姓名 | 旷工天数 | 事假天数 | 病假天数 | | | 迟到次数 | |
|---|---|---|---|---|---|---|---|---|
| | | | | 3 天 | 3 至 7 天 | 7 天以上 | 15 分钟 | 15 分钟以上 |
| 财务部 | 李一 | 1 | | | | | 1 | |
| | 李三 | | 1 | | | | | |
| 采购部 | 张一 | 0.5 | | | | | | |
| | 张四 | | 2 | 3 | | | 4 | |
| 人事部 | 王一 | | 4 | | | | | |
| | 王二 | | 2 | | | | | |

表 5-1（续）

| 部门 | 姓名 | 旷工天数 | 事假天数 | 病假天数 | | | 迟到次数 | |
|------|------|---------|---------|------|------|--------|----------|------|
| | | | | 3 天 | 3 至 7 天 | 7 天以上 | 15 分钟 | 15 分钟以上 |
| 工程开发部 | 万一 | | 2 | | | | | |
| | 万二 | | 2 | | | | | 3 |
| | 万五 | | 1 | | | | | |
| 车间办公室 | 陈一 | | 5 | | | | | |
| | 陈二 | | 4 | | | | 2 | |
| | 陈三 | | 7 | | | | | 3 |
| 车间生产线 | 董一 | | 3 | | | | 2 | |
| | 董二 | | 2 | | | | | |
| | 董三 | | 2 | | | | | |
| 销售部 | 汤一 | | 2 | | | | | |
| | 汤二 | | 4 | | | | | |
| | 汤三 | | 6 | | | | | |

制表：朱 燕　　　　　　　　审核：付小华

3. 广东南村实业股份有限公司（该企业的性质是私营企业）所在地区"五险"的缴纳标准如下：

（1）养老保险：单位：外资单位 20%，省属单位 18%，私营企业 12%，个人 8%。

（2）医疗保险：单位 7%，个人 2%。

（3）失业保险：单位 0.2%，个人 0.1%。

（4）工伤保险：单位 0.4%，个人不用缴纳。

（5）生育保险：单位 0.85%，个人不用缴纳。

（6）按每个员工上年平均工资数为下一年度缴存"五险"基数。

4. 个人所得税税率表如表 5-2 所示：

表 5-2　　　　　　　　个人所得税税率表（综合所得适用）

| 级数 | 全年应纳税所得额 | 税率（%） | 速算扣除数 |
|------|----------------|----------|-----------|
| 1 | 不超过 36 000 元的 | 3 | 0 |
| 2 | 超过 36 000 元至 144 000 元的部分 | 10 | 2 520 |
| 3 | 超过 144 000 元至 300 000 元的部分 | 20 | 16 920 |
| 4 | 超过 300 000 元至 420 000 元的部分 | 25 | 31 920 |
| 5 | 超过 420 000 元至 660 000 元的部分 | 30 | 52 920 |
| 6 | 超过 660 000 元至 960 000 元的部分 | 35 | 85 920 |
| 7 | 超过 960 000 元的部分 | 45 | 181 920 |

5. 代扣水电费明细表如表5-3所示：

表5-3

| 部门 | 姓名 | 用水量（吨） | 单价（元/吨） | 金额（元） | 用电量（度） | 单价（元/度） | 金额（元） | 合计（元） |
|------|------|------|------|------|------|------|------|------|
| 财务部 | 李一 | 5 | 2.85 | | 50 | 0.65 | | |
| | 李三 | 4 | 2.85 | | 60 | 0.65 | | |
| 采购部 | 张一 | 6 | 2.85 | | 50 | 0.65 | | |
| | 张四 | 4 | 2.85 | | 50 | 0.65 | | |
| 人事部 | 王一 | 5 | 2.85 | | 40 | 0.65 | | |
| | 王二 | 4 | 2.85 | | 40 | 0.65 | | |
| 工程开发部 | 万一 | 5 | 2.85 | | 80 | 0.65 | | |
| | 万二 | 6 | 2.85 | | 80 | 0.65 | | |
| | 万五 | 8 | 2.85 | | 60 | 0.65 | | |
| 车间办公室 | 陈一 | 8 | 2.85 | | 50 | 0.65 | | |
| | 陈二 | 4 | 2.85 | | 80 | 0.65 | | |
| | 陈三 | 4 | 2.85 | | 80 | 0.65 | | |
| 车间生产线 | 董一 | 5 | 2.85 | | 60 | 0.65 | | |
| | 董二 | 5 | 2.85 | | 50 | 0.65 | | |
| | 董三 | 6 | 2.85 | | 40 | 0.65 | | |
| 销售部 | 汤一 | 5 | 2.85 | | 60 | 0.65 | | |
| | 汤二 | 4 | 2.85 | | 40 | 0.65 | | |
| | 汤三 | 8 | 2.85 | | 80 | 0.65 | | |

制表： 朱 燕　　　　　　　　审核： 付小华

6. 代扣"五险"明细表如表5-4所示：

表5-4

| 部门 | 姓名 | 计提基数 | 工伤保险（0%） | 养老保险（8%） | 医疗保险（2%） | 生育保险（0%） | 失业保险（0.1%） | 合计 |
|------|------|------|------|------|------|------|------|------|
| 财务部 | 李一 | 10 000 | | | | | | |
| | 李二 | 6 500 | | | | | | |
| | 李三 | 4 800 | | | | | | |
| | 李四 | 3 200 | | | | | | |
| 小计 | | | | | | | | |

表5-4（续）

| 部门 | 姓名 | 计提基数 | 工伤保险（0%） | 养老保险（8%） | 医疗保险（2%） | 生育保险（0%） | 失业保险（0.1%） | 合计 |
|---|---|---|---|---|---|---|---|---|
| 采购部 | 张一 | 5 000 | | | | | | |
| | 张二 | 4 000 | | | | | | |
| | 张三 | 4 500 | | | | | | |
| | 张四 | 3 500 | | | | | | |
| | 张五 | 3 100 | | | | | | |
| 小计 | | | | | | | | |
| 人事部 | 王一 | 7 000 | | | | | | |
| | 王二 | 5 000 | | | | | | |
| | 王三 | 4 000 | | | | | | |
| 小计 | | | | | | | | |
| 工程开发部 | 万一 | 7 000 | | | | | | |
| | 万二 | 7 000 | | | | | | |
| | 万三 | 5 200 | | | | | | |
| | 万三 | 4 600 | | | | | | |
| | 万四 | 4 600 | | | | | | |
| | 万五 | 5 100 | | | | | | |
| 小计 | | | | | | | | |
| 车间办公室 | 陈一 | 9 000 | | | | | | |
| | 陈二 | 7 600 | | | | | | |
| | 陈三 | 6 000 | | | | | | |
| | 陈四 | 4 200 | | | | | | |
| | 陈五 | 2 800 | | | | | | |
| 小计 | | | | | | | | |

| 部门 | 姓名 | 计提基数 | 工伤保险（0%） | 养老保险（8%） | 医疗保险（2%） | 生育保险（0%） | 失业保险（0.1%） | 合计 |
|---|---|---|---|---|---|---|---|---|
| 车间生产线 | 董一 | 3 100 | | | | | | |
| | 董二 | 3 100 | | | | | | |
| | 董三 | 3 100 | | | | | | |
| | 董四 | 3 100 | | | | | | |
| | 董五 | 3 100 | | | | | | |
| | 董六 | 3 100 | | | | | | |
| | 董七 | 3 100 | | | | | | |
| | 董八 | 3 100 | | | | | | |
| | 董九 | 3 100 | | | | | | |
| | 董十 | 3 100 | | | | | | |
| 小计 | | | | | | | | |
| 销售部 | 汤一 | 3 100 | | | | | | |
| | 汤二 | 3 100 | | | | | | |
| | 汤三 | 3 100 | | | | | | |
| | 汤四 | 3 100 | | | | | | |
| | 汤五 | 3 100 | | | | | | |
| 小计 | | | | | | | | |
| 总计 | | | | | | | | |

制表：王小丽　　　　　　　　审核：李中华

7. 12 月份工资表如表 5-5 所示：

表 5-5

| 部门 | 姓名 | 基本工资 | 职务工资 | 岗位工资 | 奖金 | 交通补贴 | 误餐补贴 | 应发合计 | 事假扣款 | 病假扣款 | 迟到扣款 | 旷工扣款 | 代扣水电 | 代扣五险 | 代扣个税 | 扣款合计 | 实发合计 |
|---|---|---|---|---|---|---|---|---|---|---|---|---|---|---|---|---|---|
| 财务部 | 李一 | 8 000 | 1 000 | 500 | 600 | 400 | 200 | | | | | | | | | | |
| | 李二 | 4 800 | 800 | 300 | 200 | 400 | 200 | | | | | | | | | | |
| | 李三 | 3 500 | 500 | 200 | 150 | 400 | 200 | | | | | | | | | | |
| | 李四 | 2 500 | 200 | 100 | 120 | 400 | | | | | | | | | | | |
| 小计 | | | | | | | | | | | | | | | | | |
| 采购部 | 张一 | 3 500 | 600 | 200 | 300 | 400 | 200 | | | | | | | | | | |
| | 张二 | 3 000 | 500 | 150 | 200 | 400 | 200 | | | | | | | | | | |
| | 张三 | 3 000 | 500 | 150 | 250 | 400 | 200 | | | | | | | | | | |
| | 张四 | 2 500 | 300 | 100 | 200 | 400 | 200 | | | | | | | | | | |
| | 张五 | 2 000 | 200 | 100 | 200 | 400 | 200 | | | | | | | | | | |
| 小计 | | | | | | | | | | | | | | | | | |

表 5-5（续）

| 部门 | 姓名 | 基本工资 | 职务工资 | 岗位工资 | 奖金 | 交通补贴 | 误餐补贴 | 应发合计 | 事假扣款 | 病假扣款 | 迟到扣款 | 旷工扣款 | 代扣水电 | 代扣五险 | 代扣个税 | 扣款合计 | 实发合计 |
|---|---|---|---|---|---|---|---|---|---|---|---|---|---|---|---|---|---|
| 人事部 | 王一 | 5 000 | 700 | 300 | 500 | 400 | 200 | | | | | | | | | | |
| | 王二 | 3 600 | 500 | 120 | 240 | 400 | 200 | | | | | | | | | | |
| | 王三 | 2 800 | 400 | 100 | 100 | 400 | 200 | | | | | | | | | | |
| 小计 | | | | | | | | | | | | | | | | | |
| 工程开发部 | 万一 | 6 000 | 500 | 400 | 300 | 400 | 200 | | | | | | | | | | |
| | 万二 | 5 500 | 500 | 350 | 400 | 400 | 200 | | | | | | | | | | |
| | 万三 | 4 000 | 400 | 200 | 60 | 400 | 200 | | | | | | | | | | |
| | 万三 | 3 600 | 350 | 200 | 130 | 400 | 200 | | | | | | | | | | |
| | 万四 | 3 500 | 350 | 200 | 240 | 400 | 200 | | | | | | | | | | |
| | 万五 | 4 000 | 300 | 250 | 160 | 400 | 200 | | | | | | | | | | |
| 小计 | | | | | | | | | | | | | | | | | |
| 车间办公室 | 陈一 | 8 000 | 600 | 300 | 400 | 400 | 200 | | | | | | | | | | |
| | 陈二 | 6 500 | 550 | 250 | 60 | 400 | 200 | | | | | | | | | | |
| | 陈三 | 5 000 | 400 | 200 | 80 | 400 | 200 | | | | | | | | | | |
| | 陈四 | 3 000 | 400 | 200 | 0 | 400 | 200 | | | | | | | | | | |
| | 陈五 | 2 000 | 250 | 100 | 80 | 400 | 200 | | | | | | | | | | |
| 小计 | | | | | | | | | | | | | | | | | |
| 车间生产线 | 董一 | 2 500 | 200 | 150 | 100 | 400 | 200 | | | | | | | | | | |
| | 董二 | 2 500 | 200 | 150 | 100 | 400 | 200 | | | | | | | | | | |
| | 董三 | 2 500 | 200 | 150 | 100 | 400 | 200 | | | | | | | | | | |
| | 董四 | 2 500 | 200 | 150 | 100 | 400 | 200 | | | | | | | | | | |
| | 董五 | 2 500 | 200 | 150 | 100 | 400 | 200 | | | | | | | | | | |
| | 董六 | 2 500 | 200 | 150 | 100 | 400 | 200 | | | | | | | | | | |
| | 董七 | 2 500 | 200 | 150 | 100 | 400 | 200 | | | | | | | | | | |
| | 董八 | 2 500 | 200 | 150 | 100 | 400 | 200 | | | | | | | | | | |
| | 董九 | 2 500 | 200 | 150 | 100 | 400 | 200 | | | | | | | | | | |
| | 董十 | 2 500 | 200 | 150 | 100 | 400 | 200 | | | | | | | | | | |
| 小计 | | | | | | | | | | | | | | | | | |
| 销售部 | 汤一 | 2 000 | 200 | 300 | 0 | 400 | 200 | | | | | | | | | | |
| | 汤二 | 2 000 | 200 | 300 | 0 | 400 | 200 | | | | | | | | | | |
| | 汤三 | 2 000 | 200 | 300 | 0 | 400 | 200 | | | | | | | | | | |
| | 汤四 | 2 000 | 200 | 300 | 0 | 400 | 200 | | | | | | | | | | |
| | 汤五 | 2 000 | 200 | 300 | 0 | 400 | 200 | | | | | | | | | | |
| 小计 | | | | | | | | | | | | | | | | | |
| 总计 | | | | | | | | | | | | | | | | | |

制表：　王小丽　　　　　　　　审核：　李中华

8. 计提"五险"明细表如表5-6所示:

表5-6

| 部门 | 姓名 | 计提基数 | 工伤保险（0.4%） | 养老保险（12%） | 医疗保险（7%） | 生育保险（0.85%） | 失业保险（0.2%） | 合计 |
|---|---|---|---|---|---|---|---|---|
| 财务部 | 李一 | 10 000 | | | | | | |
| | 李二 | 6 500 | | | | | | |
| | 李三 | 4 800 | | | | | | |
| | 李四 | 3 200 | | | | | | |
| 小计 | | | | | | | | |
| 采购部 | 张一 | 5 000 | | | | | | |
| | 张二 | 4 000 | | | | | | |
| | 张三 | 4 500 | | | | | | |
| | 张四 | 3 500 | | | | | | |
| | 张五 | 3 100 | | | | | | |
| 小计 | | | | | | | | |
| 人事部 | 王一 | 7 000 | | | | | | |
| | 王二 | 5 000 | | | | | | |
| | 王三 | 4 000 | | | | | | |
| 小计 | | | | | | | | |
| 工程开发部 | 万一 | 7 000 | | | | | | |
| | 万二 | 7 000 | | | | | | |
| | 万三 | 5 200 | | | | | | |
| | 万三 | 4 600 | | | | | | |
| | 万四 | 4 600 | | | | | | |
| | 万五 | 5 100 | | | | | | |
| 小计 | | | | | | | | |
| 车间办公室 | 陈一 | 9 000 | | | | | | |
| | 陈二 | 7 600 | | | | | | |
| | 陈三 | 6 000 | | | | | | |
| | 陈四 | 4 200 | | | | | | |
| | 陈五 | 2 800 | | | | | | |
| 小计 | | | | | | | | |

表5-6（续）

| 部门 | 姓名 | 计提基数 | 工伤保险（0.4%） | 养老保险（12%） | 医疗保险（7%） | 生育保险（0.85%） | 失业保险（0.2%） | 合计 |
|---|---|---|---|---|---|---|---|---|
| 车间生产线 | 董一 | 3 100 | | | | | | |
| | 董二 | 3 100 | | | | | | |
| | 董三 | 3 100 | | | | | | |
| | 董四 | 3 100 | | | | | | |
| | 董五 | 3 100 | | | | | | |
| | 董六 | 3 100 | | | | | | |
| | 董七 | 3 100 | | | | | | |
| | 董八 | 3 100 | | | | | | |
| | 董九 | 3 100 | | | | | | |
| | 董十 | 3 100 | | | | | | |
| 小计 | | | | | | | | |
| 销售部 | 汤一 | 3 100 | | | | | | |
| | 汤二 | 3 100 | | | | | | |
| | 汤三 | 3 100 | | | | | | |
| | 汤四 | 3 100 | | | | | | |
| | 汤五 | 3 100 | | | | | | |
| 小计 | | | | | | | | |
| 总计 | | | | | | | | |

制表：　王小丽　　　　　　　　　　　　　审核：　李中华

9. 为了迎接元旦，企业购买了一批货物作为员工福利分发给大家。每一个员工分发一桶5升的金龙鱼花生油（相关业务凭证见表5-7、图5-1、图5-2）。

表5-7　　　　　　　　　　　　　　福利费用分配表

| 部门 | 数量（桶） | 单价（元/桶） | 总额（元） | 签字 |
|---|---|---|---|---|
| 财务部 | 4 | 135.00 | 540.00 | |
| 采购部 | 5 | 135.00 | 675.00 | |
| 人事部 | 3 | 135.00 | 405.00 | |
| 工程开发部 | 5 | 135.00 | 675.00 | |
| 车间办公室 | 5 | 135.00 | 675.00 | |
| 车间生产线 | 10 | 135.00 | 1 350.00 | |
| 销售部 | 5 | 135.00 | 675.00 | |
| 合计 | 37 | | 4 995.00 | |

制表：　　　　　　　　　　审核：

广东省增值税普通发票 NO. ×××

发票联

开票时间：2019 年 12 月 5 日

| 购货单位 | 名称：广东珠江股份有限公司<br>纳税人识别号：420601078932836<br>地址、电话：广州市金穗路 8 号　86990231<br>开户行及账号：工行天河支行 123456780 | | | | | 密码区 | | |
|---|---|---|---|---|---|---|---|---|
| 货物或应税劳务名称 | 规格型号 | 单位 | 数量 | 单价 | 金额 | 税率 | 税额 |
| 金龙鱼花生油 | 5 升 | 桶 | 37.00 | 119.468 9 | 4 420.35 | 13% | 574.65 |
| 合计 | | | | | 4 420.35 | | 574.65 |
| 价税合计（大写）：肆仟玖佰玖拾伍元整　　　　（小写）4 995 元 | | | | | | | |
| 销货单位 | 名称：广州麦德龙有限公司<br>纳税人识号：1234321876950561<br>地址、电话：广州黄埔大道 5 号 76549065<br>开户行及账号：工行丰乐路支行 12354389731 | | | | | 备注 | |

收款人：×× 　　　　复核：×× 　　　　开票人：×× 　　　　销货单位（章）

图 5-1

**中国工商银行支票**

| 中国工商银行支票存根<br>×××<br>附加信息<br>购货 | 出票人日期：（大写）贰零壹玖年壹拾贰月零伍日<br>付款行名称：工行天河支行<br>收款人：广州麦德龙有限公司　　　　出票人账号 123456780 | | | | | | | | | | |
|---|---|---|---|---|---|---|---|---|---|---|---|
| | | 百 | 十 | 万 | 千 | 百 | 十 | 元 | 角 | 分 |
| | 人民币（大写）肆仟玖佰玖拾伍元整 | | | | 4 | 9 | 9 | 5 | 0 | 0 |
| 出票日期　年　月　日 | | | | | | | | | | |
| 收款人 | 用途：<br>上列款项请从<br>我账户支付<br>出票人签章 | 公司财务专用章　广东珠江股份有限 | 刘 强 | | | | | | | |
| 金额 | | | | 复核　记账 | | | | | | |
| 用途 | | | | | | | | | | |
| 单位主管 | | | | | | | | | | |
| 会计 | | | | | | | | | | |

图 5-2

10. 2019 年 12 月 8 日广东珠江股份有限公司为工伤职工董一支付医疗费（相关凭证见图 5-3、图 5-4）。

**广东省医疗收费票据**

业务流水号　×××　　　　　　社会保险号：×××　　　　　　　　病历号：×××

住院（科室）：外科　　　　　　住院号：×××　医院类型：三级医院　2019 年 12 月 8 日

| 姓名 | 董一 | √□付诊□急诊□住院 | | 住院日期 | | 出院日期 | |
|---|---|---|---|---|---|---|---|
| 性别 | □男□女 | 医保筹□公费证 | | 个人缴费 | 1 167 | 结算方式 | |
| 医药费 | 金额 | 诊查费 | 金额 | 治疗费 | 金额 | 其他 | 金额 |
| 西药 | 280 | 诊查费 | 7 | | | | |
| 中成药 | 60 | 检查费 | 820 | | | | |
| | | | | | | | |
| 预交款 | | 补收 | | 退款 | | 欠款 | |
| 合计人民币（大写）零拾零万壹仟壹佰陆拾柒元零角零分　　　　￥：1 167.00 | | | | | | | |

收款单位（盖章）：　　　　　复核：　　　　收款人：

图 5-3

**中国工商银行支票**

| 中国工商银行支票存根<br>×××<br>附加信息<br>付员工医疗费 | 出票人日期：（大写）贰零壹玖年壹拾贰月零捌日<br>付款行名称：工行天河支行<br>收款人：董一　　　　　　　出票人账号 123456780 | | | | | | | | |
|---|---|---|---|---|---|---|---|---|---|
| | 人民币（大写）壹仟壹佰陆拾柒元整 | 百 | 十 | 万 | 千 | 百 | 十 | 元 | 角 | 分 |
| | | | | | 1 | 1 | 6 | 7 | 0 | 0 |
| 出票日期　年　月　日 | 用途：<br>上列款项请从我账户支付<br>出票人签章　广东珠江股份有限公司财务专用章　刘强<br>　　　　　　复核　记账 |
| 收款人 | |
| 金额 | |
| 用途 | |
| 单位主管 | |
| 会计 | |

图 5-4

### 三、实训要求

1. 根据以上经济业务内容，编制正确的记账凭证。

2. 根据编制的记账凭证登记应付职工薪酬三栏式明细账、管理费用、销售费用、生产成本、制造费用等会计科目多栏式明细账。

## 四、实训工具

1. 准备记账凭证 20 张。
2. 准备三栏式明细账 5 张
3. 准备多栏式明细账 10 张。
4. 准备剪刀 1 把、胶水 1 瓶、直尺 1 把。

# 项目六　税务会计岗位实训

## 一、实训目的

1. 通过本次实训，学生能够正确计算本期应交的增值税，并能够正确填写增值税纳税申报表。

2. 通过本次实训，学生能够正确计算本期应交的消费税，并能够正确填写消费税纳税申报表。

3. 通过本次实训，学生能够正确计算本期应交的城市维护建设税、教育费附加，并能够正确填写城市维护建设税、教育费附加纳税申报表。

## 二、实训内容

广东珠江股份有限公司为增值税一般纳税人企业，适用的增值税税率为13%，销售甲、乙两种商品时应缴纳增值税；另外，销售乙产品还应缴纳消费税，消费税税率为5%；城市维护建设税税率为7%，教育费附加率为3%。

经济业务涉及凭证参见图6-1~图6-38。

（1）

| | 广东省增值税专用发票 | | | | NO. ×××| | | |
|---|---|---|---|---|---|---|---|---|
| | 发票联 | | | | 开票时间：2019 年 12 月 1 日 | | | |

| 购货单位 | 名称：广东珠江股份有限公司<br>纳税人识别号：420601078932836<br>地址、电话：广州市金穗路 8 号<br>开户行及账号：工行天河支行 123456780 | | | | 密码区 | | | |
|---|---|---|---|---|---|---|---|---|
| 货物或应税劳务名称 | 规格型号 | 单位 | 数量 | 单价 | 金额 | 税率 | 税额 | |
| A 材料 | X-1 | 个 | 500.00 | 80.00 | 40 000.00 | 13% | 5 200.00 | |
| B 材料 | Y-1 | 个 | 1 000.00 | 50.00 | 50 000.00 | 13% | 6 500.00 | |
| 合计 | | | | | 90 000.00 | | 11 700.00 | |
| 价税合计（大写）：壹拾万壹仟柒佰元整 | | | （小写）101 700.00 | | | | | |
| 销货单位 | 名称：广州环球有限责任公司<br>纳税人识号：420601078932842<br>地址、电话：广州市长兴路 11 号 61115436<br>开户行及账号：工行天河支行 65456313034 | | | | | | | |

收款人：×× 　　　　复核：×× 　　　　开票人：×× 　　　　销货单位（章）

图 6-1

## 入库单

2019 年 12 月 10 日　　　　　　　　　　　单号：×××

部门：采购部　　　　　　　用途：生产用料　　　　　　仓库：甲

| 编号 | 名称 | 规格 | 数量 | 单价 | 总额 | 备注 |
|------|------|------|------|------|------|------|
| 0001 | A 材料 | X-1 | 500.00 | 80.00 | 40 000.00 | |
| 0002 | B 材料 | Y-1 | 1 000.00 | 50.00 | 50 000.00 | |
| | | | | | | |
| | | | | | | |
| | | | | | | |
| | | | | | | |
| 合计：玖万元整 | | | | | 90 000.00 | |

仓管员：孙　涛　　　　财务经理：李中华　　　　仓库经理：程　刚

**图 6-2**

## 中国工商银行承兑汇票

出票日期：贰零壹玖年壹拾贰月零壹日

| 出票人 | 全称 | 广东珠江股份有限公司 | 收款人 | 全称 | 广州环球有限责任公司 |
|--------|------|------|------|------|------|
| | 账号 | 123456780 | | 账号 | 65456313034 |
| | 开户行 | 工行天河支行 | | 开户行 | 工行天河支行 |

| 出票金额 | 人民币（大写）壹拾万壹仟柒佰元整 | 十 | 万 | 千 | 百 | 十 | 元 | 角 | 分 |
|------|------|------|------|------|------|------|------|------|------|
| | | 1 | 0 | 1 | 7 | 0 | 0 | 0 | 0 |

汇票到期日（大写）：贰零贰零年叁月壹日

承兑协议号：

本汇票请你行承兑，到期无条件付款

广东珠江股份有限公司财务专用章　刘强

出票人签章

本汇票已经承兑，到期由本行付款

承兑日期：　年　月　日　　汇票专用章

备注：

记账：　　复核：

**图 6-3**

（2）

**山东省增值税专用发票**　　　NO. ×××

**发票联**　　　　开票时间：2019 年 12 月 6 日

| 购货单位 | 名称：广东珠江股份有限公司<br>纳税人识别号：420601078932836<br>地址、电话：广州市金穗路 8 号<br>开户行及账号：工行天河支行 123456780 | | | 密码区 | | | |
|---|---|---|---|---|---|---|---|
| 货物或应税劳务名称 | 规格型号 | 单位 | 数量 | 单价 | 金额 | 税率 | 税额 |
| C 材料 | A-2 | 件 | 6 000.00 | 60.00 | 360 000.00 | 13% | 46 800.00 |
| 合计 | | | | | 360 000.00 | | 46 800.00 |
| 价税合计（大写）：肆拾万陆仟捌佰元整　　　（小写）406 800.00 | | | | | | | |
| 销货单位 | 名称：山东华北股份有限公司<br>纳税人识别号：540321564654897<br>地址、电话：济南市经石路 6 号 7689321<br>开户行及账号：建行经石支行 123456789 | | | | | | |

收款人：×× 　　　复核：×× 　　　开票人：×× 　　　销货单位（章）

（山东华北股份有限公司　54032156454897　发票专用章）

图 6-4

**入库单**

2019 年 12 月 15 日　　　　单号：×××

部门：采购部　　　　　用途：生产用料　　　　　仓库：甲

| 编号 | 名称 | 规格 | 数量 | 单价 | 总额 | 备注 |
|---|---|---|---|---|---|---|
| 0003 | C 材料 | A-2 | 6 000.00 | 60.00 | 360 000.00 | |
| | | | | | | |
| | | | | | | |
| | | | | | | |
| | | | | | | |
| | | | | | | |
| 合计：叁拾陆万元整 | | | | | 360 000.00 | |

仓管员：　孙　涛　　　财务经理：　李中华　　　仓库经理：　程　刚

图 6-5

信汇凭证

中国工商银行信汇凭证（回单）

2019 年 12 月 4 日　　　　　　　　　　　　　　　第××号

| 收款人 | 全称 | 山东华北股份有限公司 | | 汇款人 | 全称 | 广东珠江股份有限公司 | | | | | | | | | | | |
|---|---|---|---|---|---|---|---|---|---|---|---|---|---|---|---|---|
| | 账号 | 123456789 | | | 账号 | 123456780 | | | | | | | | | | |
| | 汇入地点 | 济南 | 汇入行｜建行 | | 汇出地点 | 广州 | | | | | | | | | | |
| 金额 | （大写）肆拾万陆仟捌佰元整 | | | | | 百 | 十 | 万 | 千 | 百 | 十 | 元 | 角 | 分 | | |
| | | | | | | | 4 | 0 | 6 | 8 | 0 | 0 | 0 | 0 | | |
| 汇款用途： | | | | 汇出行盖章 | | | | | | | | | | | | |

中国工商银行广州天河支行
2019.12.4
转讫

图 6-7

中国工商银行业务收费凭证

币别：CNY　　　　　　　　2019 年 12 月 4 日　　　　　　　　流水号：×××

| 付款人 | | | 账号 | | |
|---|---|---|---|---|---|
| 项目名称 | 工本费 | 手续费 | 电子汇划费 | | 金额 |
| | | 50.00 | | | 50.00 |
| | | | | | |
| | | | | | |
| 金额（大写）伍拾元整 | | | | | 50.00 |
| 付款方式：银行划扣 | | | | | |

中国工商银行广州天河支行
2019.12.4
转讫

图 6-8

（3）　　　　　　　　广东省增值税专用发票　　　NO. ×××

发票联　　　　　　开票时间：2019 年 12 月 2 日

| 购货单位 | 名称：广东珠江股份有限公司<br>纳税人识别号：420601078932836<br>地址、电话：广州市金穗路 8 号<br>开户行及账号：工行天河支行 123456780 | | | | 密码区 | | |
|---|---|---|---|---|---|---|---|
| 货物或应税劳务名称 | 规格型号 | 单位 | 数量 | 单价 | 金额 | 税率 | 税额 |
| A 材料 | X-1 | 个 | 800.00 | 85.00 | 68 000.00 | 13% | 8 840.00 |
| B 材料 | Y-1 | 个 | 2 000.00 | 52.00 | 104 000.00 | 13% | 13 520.00 |
| 合计 | | | | | 172 000.00 | | 22 360.00 |
| 价税合计（大写）：壹拾玖万肆仟叁佰陆拾元整 | | | | （小写）194 360.00 | | | |
| 销货单位 | 名称：深圳圳发有限责任公司<br>纳税人识别号：420601078934210<br>地址、电话：深圳市滨海大道 5 号 87654321<br>开户行及账号：工行滨海支行 65456314576 | | | | 备注 | | |

深圳圳发有限责任公司
420601078934210
发票专用章

收款人：××　　　复核：××　　　开票人：××　　　销货单位（章）

图 6-9

入库单

2019 年 12 月 6 日

单号：×××

部门：采购部　　　　　　　用途：生产用料　　　　　　　仓库：甲

| 编号 | 名称 | 规格 | 数量 | 单价 | 总额 | 备注 |
|------|------|------|------|------|------|------|
| 0001 | A 材料 | X-1 | 800.00 | | | |
| 0002 | B 材料 | Y-1 | 2 000.00 | | | |
| | | | | | | |
| | | | | | | |
| | | | | | | |
| | | | | | | |
| 合计： | | | | | | |

仓管员：孙　涛　　　　　财务经理：李中华　　　　　仓库经理：程　刚

图 6-10

广东省增值税专用发票　　　　NO. ×××

发票联　　　　　　　开票时间：2019 年 12 月 6 日

| 购货单位 | 名称：广东珠江股份有限公司 纳税人识别号：420601078932836 地址、电话：广州市金穗路 8 号 开户行及账号：工行天河支行 123456780 | | | | | 密码区 | | |

| 货物或应税劳务名称 | 规格型号 | 单位 | 数量 | 单价 | 金额 | 税率 | 税额 |
|------|------|------|------|------|------|------|------|
| 陆路运输服务 | | 元/千米 | 2 500 | 0.8 | 2 000 | 9% | 180 |

价税合计（大写）：贰仟壹佰捌拾元整　　　　　　（小写）2 180.00 元

| 销货单位 | 名称：广州顺丰物流有限公司 纳税人识号：42060107893165 地址、电话：广州市同泰路 5 号 87652310 开户行及账号：工行白云支行 65456311587 | 备注 |

收款人：××　　　复核：××　　　开票人：××　　　销货单位（章）

广州顺丰物流有限公司
42060107893165
发票专用章

图 6-11

（注：运输费用按金额比例分摊）

中国工商银行支票

| 中国工商银行支票存根 | 出票人日期：（大写）贰零壹玖年壹拾贰月零陆日 |
|---|---|
| ××× | 付款行名称：工行天河支行 |
| 附加信息 | 收款人：广州顺丰物流有限公司　　出票人账号 123456780 |
| 付运费 | |

| | 人民币（大写）贰仟壹佰捌拾元整 | 百 | 十 | 万 | 千 | 百 | 十 | 元 | 角 | 分 |
|---|---|---|---|---|---|---|---|---|---|---|
| | | | | | 2 | 1 | 8 | 0 | 0 | 0 |

| 出票日期　年　月　日 | 用途： | 广东珠江股份有限公司财务专用章 | | |
|---|---|---|---|---|
| 收款人 | 上列款项请从 | | 刘 强 | |
| 金额 | 我账户支付 | | | |
| 用途 | 出票人签章 | | | |
| 单位主管 | | | 复核　记账 | |
| 会计 | | | | |

图 6-12

（4）

广东省增值税普通发票　　　NO. ×××

发票联　　　　　　　开票时间：2019 年 12 月 6 日

| 购货单位 | 名称：广东珠江股份有限公司<br>纳税人识别号：420601078932836<br>地址、电话：广州市金穗路 8 号<br>开户行及账号：工行天河支行 123456780 | | | | | 密码区 | | |
|---|---|---|---|---|---|---|---|---|
| 货物或应税劳务名称 | 规格型号 | 单位 | 数量 | 单价 | 金额 | 税率 | 税额 |
| A 材料 | X-1 | 个 | 200.00 | 72.649 5 | 14 529.90 | 13% | 1 888.89 |
| B 材料 | Y-1 | 个 | 100.00 | 44.444 4 | 4 444.44 | 13% | 577.78 |
| 合计 | | | | | 18 974.34 | | 2 466.67 |

| 价税合计（大写）：贰万壹仟肆佰肆拾壹元零角壹分　　（小写）21 441.01 元 |
|---|

| 销货单位 | 名称：深圳永泰有限责任公司<br>纳税人识号：420601078958761<br>地址、电话：深圳市前进路 15 号 87654321<br>开户行及账号：工行宝安支行 65456319087 | 备注 |
|---|---|---|

深圳永泰有限责任公司
420601078958761
发票专用章

收款人：××　　　复核：××　　　开票人：××　　　销货单位（章）

图 6-13

## 入库单

2019 年 12 月 8 日

部门：采购部　　　　　　　　用途：生产用料　　　　　　　单号：×××

仓库：甲

| 编号 | 名称 | 规格 | 数量 | 单价 | 总额 | 备注 |
|---|---|---|---|---|---|---|
| 0001 | A 材料 | X-1 | 200 | 85.00 | 17 000.00 | |
| 0002 | B 材料 | Y-1 | 100 | 52.00 | 5 200.00 | |
| | | | | | | |
| | | | | | | |
| | | | | | | |
| | | | | | | |
| 合计：贰万贰仟贰佰元整 | | | | | 22 200.00 | |

仓管员：孙　涛　　　　财务经理：李中华　　　　仓库经理：程　刚

图 6-14

## 信汇凭证

### 中国工商银行信汇凭证（回单）

2019 年 12 月 9 日　　　　　　　　　　　　　　第××号

| 收款人 | 全称 | 深圳永泰有限责任公司 | | 汇款人 | 全称 | 广东珠江股份有限公司 | | | | | | | | |
|---|---|---|---|---|---|---|---|---|---|---|---|---|---|
| | 账号 | 65456319087 | | | 账号 | 123456780 | | | | | | | |
| | 汇入地点 | 深圳 | 汇入行　工行 | | 汇出地点 | 广州 | | | | 工行 | | | |

| 金额 | （大写）贰万壹仟肆佰肆拾壹元零角壹分 | 百 | 十 | 万 | 千 | 百 | 十 | 元 | 角 | 分 |
|---|---|---|---|---|---|---|---|---|---|---|
| | | | | 2 | 1 | 4 | 4 | 1 | 0 | 1 |

汇款用途：　　　　　　　　　　　　　汇出行盖章

单位主管：　会计：　记账：　复核

图 6-15

### 中国工商银行业务收费凭证

币别：CNY　　　　　　2019 年 12 月 9 日　　　　　　流水号：×××

| 付款人 | | | 账号 | | |
|---|---|---|---|---|---|
| 项目名称 | 工本费 | 手续费 | 电子汇划费 | | 金额 |
| | | | 50.00 | | 50.00 |
| | | | | | |
| | | | | | |
| | | | | | |
| 金额（大写）伍拾元整 | | | | | 50.00 |
| 付款方式：银行划扣 | | | | | |

图 6-16

189

（5）

| 代　开 | | | | 广东省增值税专用发票 | | NO. ×××| |
|---|---|---|---|---|---|---|---|

发票联　　　　　　　　　开票时间：2019 年 12 月 6 日

| 购货单位 | 名称：广东珠江股份有限公司<br>纳税人识别号：420601078932836<br>地址、电话：广州市金穗路 8 号<br>开户行及账号：工行天河支行 123456780 | | | | 密码区 | | |
|---|---|---|---|---|---|---|---|

| 货物或应税劳务名称 | 规格型号 | 单位 | 数量 | 单价 | 金额 | 税率 | 税额 |
|---|---|---|---|---|---|---|---|
| A 材料 | X-1 | 个 | 200.00 | 90.00 | 18 000.00 | 3% | 540.00 |
| B 材料 | Y-1 | 个 | 100.00 | 80.00 | 8 000.00 | 3% | 240.00 |
| 合计 | | | | | 26 000.00 | | 780.00 |

| 价税合计（大写）：贰万陆仟柒佰捌拾元整　　　（小写）26 780.00 |
|---|

| 销货单位 | 名称：深圳联科有限责任公司<br>纳税人识别号：420601078958879<br>地址、电话：深圳市前进路 15 号 87654321<br>开户行及账号：工行宝安支行 65456319087 | 备注 |
|---|---|---|

收款人：××　　　　　复核：××　　　　开票人：××　　　　销货单位（章）

图 6-17

入库单

2019 年 12 月 8 日　　　　　　　　　　　　　　单号：×××

部门：采购部　　　　　　用途：生产用料　　　　　　仓库：甲

| 编号 | 名称 | 规格 | 数量 | 单价 | 总额 | 备注 |
|---|---|---|---|---|---|---|
| 0001 | A 材料 | X-1 | 200 | 90.00 | 18 000.00 | |
| 0002 | B 材料 | Y-1 | 100 | 80.00 | 8 000.00 | |
| | | | | | | |
| | | | | | | |
| | | | | | | |
| | | | | | | |
| 合计：贰万陆仟元整 | | | | | 26 000.00 | |

仓管员：孙　涛　　　　　财务经理：李中华　　　　　仓库经理：程　刚

图 6-18

（6）

**广东省增值税专用发票**　　NO. ×××

**发票联**　　开票时间：2019 年 12 月 10 日

| 购货单位 | 名称：广东珠江股份有限公司<br>纳税人识别号：420601078932836<br>地址、电话：广州市金穗路 8 号<br>开户行及账号：工行天河支行 123456780 | | | | | 密码区 | | |
|---|---|---|---|---|---|---|---|---|
| 货物或应税<br>劳务名称 | 规格型号 | 单位 | 数量 | 单价 | 金额 | 税率 | 税额 |
| C 材料 | C-1 | 个 | 200 | 2 000.00 | 400 000.00 | 13% | 52 000.00 |
| D 材料 | D-1 | 个 | 100 | 1 500.00 | 150 000.00 | 13% | 19 500.00 |
| 合计 | | | | | 550 000.00 | 13% | 71 500.00 |
| 价税合计（大写）：陆拾贰万壹仟伍佰元整　　　（小写）621 500.00 | | | | | | | |
| 销货单位 | 名称：深圳永泰有限责任公司<br>纳税人识别号：420601078958761<br>地址、电话：深圳市前进路 15 号 87654321<br>开户行及账号：工行宝安支行 65456319087 | | | | | 备注 | | |

收款人：××　　　复核：××　　　开票人：××　　　销货单位（章）

深圳永泰有限责任公司
420601078958761
发票专用章

**图 6-19**

**入库单**

2019 年 12 月 8 日　　　　　　　　　　　　　　单号：×××

部门：采购部　　　　　　用途：工程用料　　　　　　仓库：甲

| 编号 | 名称 | 规格 | 数量 | 单价 | 总额 | 备注 |
|---|---|---|---|---|---|---|
| 0003 | C 材料 | C-1 | 200 | 2 000.00 | | |
| 0004 | D 材料 | D-1 | 100 | 1 500.00 | | |
| | | | | | | |
| | | | | | | |
| 合计： | | | | | | |

仓管员：　孙　涛　　　财务经理：　李中华　　　仓库经理：　程　刚

**图 6-20**

（注：为自建厂房购进）

信汇凭证

中国工商银行信汇凭证（回单）

2019 年 12 月 10 日                                          第××号

| 收款人 | 全称 | 深圳永泰有限责任公司 | | 汇款人 | 全称 | 广东珠江股份有限公司 | | |
|---|---|---|---|---|---|---|---|---|
| | 账号 | 65456319087 | | | 账号 | 123456780 | | |
| | 汇入地点 | 深圳 | 汇入行 | 工行 | | 汇出地点 | 广州 | 工行 |

| 金额 | （大写）陆拾贰万壹仟伍佰元整 | 百 | 十 | 万 | 千 | 百 | 十 | 元 | 角 | 分 |
|---|---|---|---|---|---|---|---|---|---|---|
| | | | | 6 | 2 | 1 | 5 | 0 | 0 | 0 |

| 汇款用途： | 汇出行盖章 |
|---|---|
| 单位主管：    会计：    记账：    复核： | |

中国工商银行广州天河支行
2019.12.10
转讫

图 6-21

中国工商银行业务收费凭证

币别：CNY                    2019 年 12 月 10 日                    流水号：×××

| 付款人 | | | 账号 | | |
|---|---|---|---|---|---|
| 项目名称 | 工本费 | 手续费 | 电子汇划费 | | 金额 |
| | | 50.00 | | | 50.00 |
| | | | | | |
| | | | | | |
| | | | | | |
| | | | | | |
| 金额（大写）伍拾元整 | | | | | 50.00 |
| 付款方式：银行划扣 | | | | | |

中国工商银行广州天河支行
2019.12.10
转讫

图 6-22

（7）                          珠江公司领料单

部门：基建部    用途：建厂房    投产量：    投产时间：                单号：×××

| 名称 | 规格 | 计量单位 | 数量 | 单价 | 总额 | 备注 |
|---|---|---|---|---|---|---|
| A | X-1 | 个 | 1 000.00 | 80.00 | | |
| B | Y-1 | 个 | 1 000.00 | 100.00 | | |
| | | | | | | |
| | | | | | | |
| | | | | | | |
| | | | | | | |
| | | | | | | |
| | | | | | | |
| | | | | | | |
| 合计 | | | | | | |

制表：孙  涛        物料经理：程  刚        财务经理：李中华

图 6-23

(8)

**广东省增值税专用发票**　　NO. ×××

**发票联**　　开票时间：2019 年 12 月 11 日

| 购货单位 | 名称：上海环球制造有限公司<br>纳税人识别号：536401208195<br>地址、电话：上海北京路 168 号<br>开户行及账号：工行北京支行 589421012 | | | | | 密码区 | | |
|---|---|---|---|---|---|---|---|---|

| 货物或应税劳务名称 | 规格型号 | 单位 | 数量 | 单价 | 金额 | 税率 | 税额 |
|---|---|---|---|---|---|---|---|
| 甲产品 | A-1 | 个 | 5 000 | 120.00 | 600 000.00 | 13% | 78 000.00 |
| | | | | | | | |
| 合计 | | | | | 600 000.00 | | 78 000.00 |

| 价税合计（大写）：陆拾柒万零捌仟元整　　　　（小写）678 000.00 |
|---|

| 销货单位 | 名称：广东珠江股份有限公司<br>纳税人识号：420601078932287<br>地址、电话：广州市金穗路 8 号 86990231<br>开户行及账号：工行天河支行 123456780 |
|---|---|

收款人：××　　　复核：××　　　开票人：××　　　销货单位（章）发票专用章

图 6-24

**广东珠江公司出库单**

部门：销售部　　　用途：产品销售　　　时间：　　　单号：

| 名称 | 规格 | 计量单位 | 数量 | 单价 | 总额 | 备注 |
|---|---|---|---|---|---|---|
| 甲产品 | A-1 | 个 | 5 000 | 100.00 | 500 000.00 | |
| | | | | | | |
| | | | | | | |
| | | | | | | |
| | | | | | | |
| | | | | | | |
| | | | | | | |
| | | | | | | |
| 合计 | | | 5 000 | 100.00 | 500 000.00 | |

制表：孙 涛　　　物料经理：程 刚　　　财务经理：李中华

图 6-25

中国工商银行进账单（回单）

2019 年 12 月 12 日

<table>
<tr><td rowspan="3">出票人</td><td>全称</td><td>上海环球制造有限公司</td><td rowspan="3">收款人</td><td>全称</td><td colspan="7">广东珠江股份有限公司</td></tr>
<tr><td>账号</td><td>589421012</td><td>账号</td><td colspan="7">123456780</td></tr>
<tr><td>开户行</td><td>工行北京支行</td><td>开户行</td><td colspan="7">工行天河支行</td></tr>
<tr><td rowspan="2">金额</td><td colspan="2" rowspan="2">人民币<br>（大写）陆拾柒万零捌仟元整</td><td></td><td>百</td><td>十</td><td>万</td><td>千</td><td>百</td><td>元</td><td>角</td><td>分</td></tr>
<tr><td></td><td></td><td></td><td>6</td><td>7</td><td>8</td><td>0</td><td>0</td><td>0</td><td>0</td><td>0</td></tr>
<tr><td>票据种类</td><td colspan="2">票据张数</td><td colspan="2">开户行盖章</td><td colspan="7"></td></tr>
<tr><td>票据号码</td><td colspan="2"></td><td colspan="9"></td></tr>
<tr><td>复核：</td><td colspan="2">记账</td><td colspan="9"></td></tr>
</table>

图 6-26

（9）

广东珠江公司出库单

部门：销售部　　　用途：产品销售　　　时间：　　　单号：

<table>
<tr><td>名称</td><td>规格</td><td>计量单位</td><td>数量</td><td>单价</td><td>总额</td><td>备注</td></tr>
<tr><td>乙产品</td><td>B-1</td><td>个</td><td>2 000</td><td>150.00</td><td>300 000.00</td><td></td></tr>
<tr><td></td><td></td><td></td><td></td><td></td><td></td><td></td></tr>
<tr><td></td><td></td><td></td><td></td><td></td><td></td><td></td></tr>
<tr><td></td><td></td><td></td><td></td><td></td><td></td><td></td></tr>
<tr><td></td><td></td><td></td><td></td><td></td><td></td><td></td></tr>
<tr><td></td><td></td><td></td><td></td><td></td><td></td><td></td></tr>
<tr><td></td><td></td><td></td><td></td><td></td><td></td><td></td></tr>
<tr><td></td><td></td><td></td><td></td><td></td><td></td><td></td></tr>
<tr><td>合计</td><td></td><td></td><td>2 000</td><td>150.00</td><td>300 000.00</td><td></td></tr>
</table>

制表： 孙　涛　　　物料经理： 程　刚　　　财务经理： 李中华

图 6-27

广东省增值税普通发票　　　NO. ×××
发票联　　　　　　　开票时间：2019 年 12 月 4 日

| 购货单位 | 名称：广州通用设备有限公司<br>纳税人识别号：6548213044560<br>地址、电话：广州黄埔路 128 号<br>开户行及账号：工行黄埔支行 589421684 | | | | | 密码区 | | |
|---|---|---|---|---|---|---|---|---|
| 货物或应税劳务名称 | 规格型号 | 单位 | 数量 | 单价 | 金额 | 税率 | 税额 |
| 乙产品 | B-1 | 个 | 2 000 | 150.00 | 300 000.00 | 13% | 39 000.00 |
| 合计 | | | | | 300 000.00 | | 39 000.00 |

价税合计（大写）：叁拾叁万玖仟元整　　　（小写）339 000.00 元

| 销货单位 | 名称：广东珠江股份有限公司<br>纳税人识别号：420601078932287<br>地址、电话：广州市金穗路 8 号 86990231<br>开户行及账号：工行天河支行 123456780 | |
|---|---|---|

收款人：××　　　复核：××　　　开票人：××　　　销货单位（章）

图 6-28

（10）

广东省增值税专用发票　　　NO. ×××
发票联　　　　　　　开票时间：2019 年 12 月 18 日

| 购货单位 | 名称：北京北方制造有限公司<br>纳税人识别号：65640129840<br>地址、电话：北京建国路 25 号<br>开户行及账号：工行建国支行 896421123 | | | | | 密码区 | | |
|---|---|---|---|---|---|---|---|---|
| 货物或应税劳务名称 | 规格型号 | 单位 | 数量 | 单价 | 金额 | 税率 | 税额 |
| 甲产品 | A-1 | 个 | 6 000 | 140.00 | 840 000.00 | 13% | 109 200.00 |
| 合计 | | | | | 840 000.00 | | 109 200.00 |

价税合计（大写）：玖拾肆万玖仟贰佰元整　　　（小写）949 200.00

| 销货单位 | 名称：广东珠江股份有限公司<br>纳税人识别号：420601078932287<br>地址、电话：广州市金穗路 8 号 86990231<br>开户行及账号：工行天河支行 123456780 | |
|---|---|---|

收款人：××　　　复核：××　　　开票人：××　　　销货单位（章）

图 6-29

广东珠江公司出库单

部门：销售部　　　　用途：产品销售　　　　时间：　　　　单号：

| 名称 | 规格 | 计量单位 | 数量 | 单价 | 总额 | 备注 |
|------|------|----------|------|------|------|------|
| 甲产品 | A-1 | 个 | 6 000 | 120.00 | 720 000.00 | |
| | | | | | | |
| | | | | | | |
| | | | | | | |
| | | | | | | |
| | | | | | | |
| | | | | | | |
| | | | | | | |
| 合计 | | | 6 000 | 120.00 | 720 000.00 | |

制表：孙　涛　　　　物料经理：程　刚　　　　财务经理：李中华

图 6-30

（11）

广东省增值税专用发票　　　　NO. ×××

发票联　　　　开票时间：2019 年 12 月 26 日

| 购货单位 | 名称：长春机械制造有限公司<br>纳税人识别号：458740127801<br>地址、电话：长春建设 225 号<br>开户行及账号：工行建国支行 896421123 | | | | 密码区 | | |
|------|------|------|------|------|------|------|------|

| 货物或应税劳务名称 | 规格型号 | 单位 | 数量 | 单价 | 金额 | 税率 | 税额 |
|------|------|------|------|------|------|------|------|
| 乙产品 | B-1 | 个 | 500 | 240.00 | 120 000.00 | 13% | 15 600.00 |
| | | | | | | | |
| 合计 | | | | | 120 000.00 | | 15 600.00 |

价税合计（大写）：壹拾叁万伍仟陆佰元整　　　（小写）135 600.00

| 销货单位 | 名称：广东珠江股份有限公司<br>纳税人识号：420601078932287<br>地址、电话：广州市金穗路 8 号 86990231<br>开户行及账号：工行天河支行 123456780 | 备注 |
|------|------|------|

收款人：××　　　　复核：××　　　　开票人：××　　　　销货单位（章）

图 6-31

广东珠江公司出库单

部门：销售部　　　　用途：产品销售　　　　时间：　　　　单号：

| 名称 | 规格 | 计量单位 | 数量 | 单价 | 总额 | 备注 |
|---|---|---|---|---|---|---|
| 乙产品 | B-1 | 个 | 500 | 200.00 | 100 000.00 | |
| | | | | | | |
| | | | | | | |
| | | | | | | |
| | | | | | | |
| | | | | | | |
| | | | | | | |
| | | | | | | |
| 合计 | | | 500 | 200.00 | 100 000.00 | |

制表：　孙　涛　　　　物料经理：　程　刚　　　　财务经理：李中华

**图 6-32**

中国工商银行承兑汇票

出票日期：贰零壹玖年壹拾贰月贰拾陆日

| 出票人 | 全称 | 长春机械制造有限公司 | | 收款人 | 全称 | 广东珠江股份有限公司 | | | | | | | |
|---|---|---|---|---|---|---|---|---|---|---|---|---|
| | 账号 | 896421123 | | | 账号 | 123456780 | | | | | | |
| | 开户行 | 工行建国支行 | | | 开户行 | 工行天河支行 | | | | | | |

| 出票金额 | 人民币（大写）壹拾叁万伍仟陆佰元整 | 十 | 万 | 千 | 百 | 十 | 元 | 角 | 分 |
|---|---|---|---|---|---|---|---|---|---|
| | | 1 | 3 | 5 | 6 | 0 | 0 | 0 | 0 |

| 汇票到期日（大写） | 贰零贰零年壹月贰拾陆日 | 付款行 | 行号 | |
|---|---|---|---|---|
| 承兑协议号 | | | 地址 | |

本汇票请你行承兑，到期无条件付款

长春机械制造有限公司财务专用章　　马　明

出票人签章

本汇票已经承兑，到期由本行付款

中国工商银行长春分行　汇票专用章

记账：　　　复核：

**图 6-33**

（12）

**其他应税消费品消费税纳税申报表**

税款所属期：　　年　月　日至　　年　月　日

纳税人名称（公章）　　　　纳税人识别码：□□□□□□□□□□□□□□□□□□

填表日期：　年　月　日

| 项目<br>应税消费品名称 | 适用税率 | 销售数量 | 销售额 | 应纳税额 |
|---|---|---|---|---|
|  |  |  |  |  |
|  |  |  |  |  |
| 合计 |  |  |  |  |

| | |
|---|---|
| 本期准予抵减税额：<br>本期减（免）税额：<br><br><br>期初未缴税额：<br><br>本期缴纳前期应纳税额：<br><br><br>本期预缴税额：<br>本期应补（退）税额：<br>期末未缴税额： | 此纳税申报表是根据国家税收法律的规定填报的，我确定它是真实的、可靠的、完整的。<br>经办人（签章）<br>财务负责人（签章）<br>联系电话：<br>（如果你已委托代理人申报，请填写）<br>　　　　授权声明<br>为代理一切税务事宜，现授权<br>＿＿＿＿＿＿＿（地址）<br>为本纳税人的代理申报人，任何与本申报表有关的往来文件，都可寄予此人。<br>授权人签章： |

以下由税务机关填写：

受理人（签章）　受理日期：　年　月　日　受理税务机关（章）

图 6-34

（13）

### 城市维护建设税、教育费附加计算表

| 计税依据 | | 计税金额 | 税率（%） | 本期应纳税额 | 本期已缴税额 | 本期应（补）退税额 |
|---|---|---|---|---|---|---|
| | | （1） | （2） | （3）＝（1）×（2） | （4） | （5）＝（3）－（4） |
| 教育费附加 | 增值税 | | 3 | | | |
| | 消费税 | | 3 | | | |
| 小计 | | | | | | |
| 城市维护建设税 | 增值税 | | 7 | | | |
| | 消费税 | | 7 | | | |
| 小计 | | | | | | |
| 合计 | | | | | | |

制表：　　　　　　　　　　　　审核：

图 6-35

（14）

### 增值税纳税申报表

（适用于增值税一般纳税人）

根据《中华人民共和国增值税暂行条例》第二十二条和第二十三条的规定制定本表。纳税人不论有无销售额，均应按主管税务机关核定的纳税期限按期填报本表，并于次月一日起十日内，向当地税务机关申报。

税务所属时间：自　年　月　日至　年　月　日　填表日期：　年　月　日　金额单位：元至角分

| 纳税人识别号 | | | | 所属行业： | | | | |
|---|---|---|---|---|---|---|---|---|
| 纳税人名称 | （公章） | 法定代表人姓名 | | 注册地址 | | 营业地址 | | |
| 开户银行及账号 | | 企业登记注册类型 | | | 电话号码 | | | |

| 项　目 | | 栏　次 | 一般货物及劳务 | | 即征即退货物及劳务 | |
|---|---|---|---|---|---|---|
| | | | 本月数 | 本年累计 | 本月数 | 本年累计 |
| 销售额 | （一）按适用税率征税货物及劳务销售额 | 1 | | | | |
| | 其中：应税货物销售额 | 2 | | | | |
| | 　　　应税劳务销售额 | 3 | | | | |
| | 　　　纳税检查调整的销售额 | 4 | | | | |
| | （二）按简易征收办法征税货物销售额 | 5 | | | | |
| | 其中：纳税检查调整的销售额 | 6 | | | | |
| | （三）免、抵、退办法出口货物销售额 | 7 | | | — | — |
| | （四）免税货物及劳务销售额 | 8 | | | | |
| | 其中：免税货物销售额 | 9 | | | — | — |
| | 　　　免税劳务销售额 | 10 | | | — | — |

表（续）

| | | | | | |
|---|---|---|---|---|---|
| 税款计算 | 销项税额 | 11 | | | |
| | 进项税额 | 12 | | | |
| | 上期留抵税额 | 13 | — | | — |
| | 进项税额转出 | 14 | | | |
| | 免抵退货物应退税额 | 15 | | — | — |
| | 按适用税率计算的纳税检查应补缴税额 | 16 | | — | — |
| | 应抵扣税额合计 | 17=12+13<br>−14−15+16 | — | | |
| | 实际抵扣税额 | 18（如17<11，则为17，否则为11） | | | |
| | 应纳税额 | 19=11−18 | | | |
| | 期末留抵税额 | 20=17−18 | — | | — |
| | 简易征收办法计算的应纳税额 | 21 | | | |
| | 按简易征收办法计算的纳税检查应补缴税额 | 22 | | | |
| | 应纳税额减征额 | 23 | | | |
| | 应纳税额合计 | 24=19+21−23 | | | |
| 税款缴纳 | 期初未缴税额（多缴为负数） | 25 | | | |
| | 实收出口开具专用缴款书退税额 | 26 | | — | — |
| | 本期已缴税额 | 27=28+29+30+31 | | | |
| | ①分次预缴税额 | 28 | | — | — |
| | ②出口开具专用缴款书预缴税额 | 29 | | — | — |
| | ③本期缴纳上期应纳税额 | 30 | | | |
| | ④本期缴纳欠缴税额 | 31 | | | |
| | 期末未缴税额（多缴为负数） | 32=24+25+26−27 | | | |
| | 其中：欠缴税额（≥0） | 33=25+26−27 | — | | — |
| | 本期应补（退）税额 | 34=24−28−29 | | | |
| | 即征即退实际退税额 | 35 | | | |
| | 期初未缴查补税额 | 36 | | — | — |
| | 本期入库查补税额 | 37 | | | |
| | 期末未缴查补税额 | 38=16+22+36−37 | | — | — |
| 授权声明 | 如果你已委托代理人申报，请填写下列资料：<br>为代理一切税务事宜，现授权<br>（地址）　　　　为本纳税人的代理申报人，任何与本申报表有关的往来文件，都可寄予此人。<br>　　　　　　　　　　　　授权人签字： | | 申报人声明 | 此纳税申报表是根据《中华人民共和国增值税暂行条例》的规定填报的，我相信它是真实的、可靠的、完整的。<br>　　　　　　　　声明人签字： | |

图 6-36

（15）

**城市维护建设税纳税申报表**

（适用于增值税、消费税纳税人）

填报日期： 年 月 日

纳税人识别码：

纳税人名称：

申报所属期起：

申报所属期止： 单位：元

| 税（费）种 | 计税（费）依据 | | 税（费）率 | 应纳税（费）率 | 减免税（费）额 | 应纳税（费）额 |
|---|---|---|---|---|---|---|
| | 增值税 | 消费税 | | | | |
| 1 | 2 | 3 | 4 | 5＝（2+3）×4 | 6 | 7＝5-6 |
| 城市维护建设税 | | | | | | |

| 如纳税人填报，由纳税人填写以下各栏 | | 如委托税务代理机构填报，由税务代理机构填写以下各栏 | |
|---|---|---|---|
| 会计主管（签章） | 经办人（签章） | 税务代理机构名称 | 税务代理机构（公章） |
| | | 税务代理机构地址 | |
| | | 代理人（签章） | |
| 申报声明 | 此纳税申报表是根据国家的税收法律规定填报的，我确信它是真实的、可靠的、完整的。<br>申明人：<br>法定代表人（负责人）签字或盖章 | 以下由税务机关填写 | |
| | | 受理日期 | 受理人 |
| | | 审核日期 | 审核人 |
| | | 审核记录 | |

图 6-37

（16）

**附加税（费）纳税申报表**

纳税人识别号：

纳税人名称（公章）

税款所属期限：自　年　月　日至　年　月　日

填报日期：年　月　日　　　　　　　　　　　　　　　　金额单位：元

| 计税依据 | | 计税金额 | 税率 | 本期应纳税额 | 本期已缴税额 | 本期应（补）退税额 |
|---|---|---|---|---|---|---|
| | | 1 | 2 | 3＝1×2 | 4 | 5＝3-4 |
| 教育费附加 | 增值税 | | | | | |
| | 消费税 | | | | | |
| | | 如纳税人填报，由纳税填写以下各栏 | | | | |
| 纳税人或代理人声明：<br>此纳税申报表是根据国家税收法律的规定填报的，我确信它是填实的、可靠的、完整的。 | | 经办人（签章） | | 会计主管（签章） | | 法定代表人（签章） |
| | | 如委托代理人填报，由代理人填写以下各栏 | | | | |
| | | 代理人名称 | | | 代理人（公章） | |
| | | 经办人（签章） | | | | |
| | | 联系电话 | | | | |
| 以下由税务机关填写 | | | | | | |
| 受理人 | | 受理日期 | | 受理税务机关<br>（签章） | | |

图 6-38

## 三、实训要求

1. 正确编制以上业务的记账凭证。

2. 根据上述记账凭证，正确登记应交增值税明细账、应交消费税明细账、应交城市维护建设税明细账、应交教育费附加明细账。

3. 正确填写应交增值税纳税申报表、应交消费税纳税申报表、应交城市维护建设税纳税申报表、应交教育费附加纳税申报表。

## 四、实训工具

1. 准备记账凭证 25 张。

2. 准备三栏式明细账 15 张。

3. 准备应交增值税明细账 2 张。

4. 准备剪刀 1 把、胶水 1 瓶、直尺 1 把。

# 项目七　会计报表岗位实训

## 一、实训目的

1. 通过本次实训，学生能够正确地编制记账凭证。
2. 通过本次实训，学生能够正确地编制利润表。
3. 通过本次实训，学生能够正确地编制资产负债表。

## 二、实训内容

1. 广东珠江股份有限公司 2019 年 12 月初有关会计科目余额表如表 7-1 所示：

表 7-1

单位：元

| 会计科目 | 借方余额 | 会计科目 | 贷方余额 |
|---|---|---|---|
| 库存现金 | 15 000 | 短期借款 | 2 540 000 |
| 银行存款——工行 | 1 265 840 | 应付票据——广州环球 | 58 500 |
| 交易性金融资产 | 6 000 | 应付账款——广州环球 | 234 000 |
| 应收票据——上海环球 | 156 000 | 预收账款 | 24 000 |
| 应收账款——北方制造 | 82 000 | 应付职工薪酬 | 869 012.44 |
| 坏账准备 | −600 | 应交税费——未交增值税 | 125 089 |
| 预付账款 | 16 000 | 应付利息 | 98 126 |
| 应收利息 | 500 | 应付股利 | 0 |
| 应收股利 | 0 | 其他应付款——陈二 | 8 940 |
| 其他应收款——王一 | 6 150 | 一年到期的非流动负债 | 0 |
| 库存商品 | 1 660 000 | | |
| 原材料 | 125 700 | 流动负债合计 | 3 957 667.44 |
| 一年到期的非流动资产 | 0 | 长期借款 | 650 000 |
| 流动资产合计 | 3 332 590 | 应付债券 | 0 |
| 可供出售金融资产 | 24 500 | 长期应付款 | 0 |
| 持有至到期投资 | 36 000 | 专项应付款 | 0 |
| 长期应收款 | 0 | 非流动负债合计 | 650 000 |

表 7-1（续）

| 会计科目 | 借方余额 | 会计科目 | 贷方余额 |
|---|---|---|---|
| 长期股权投资 | 0 | 实收资本 | 7 042 167.64 |
| 固定资产原值 | 9 664 000 | 资本公积 | 3 582 |
| 累计折旧 | −1 340 672.92 | 盈余公积 | 0 |
| 在建工程 | 0 | 利润分配 | 180 000 |
| 工程物资 | 117 000 | 所有者权益 | 7 225 749.64 |
| 固定资产清理 | 0 | | |
| 无形资产 | 0 | | |
| 非流动资产合计 | 8 500 827.08 | | |
| 资产总计 | 11 833 417.08 | 负债及所有者权益总计 | 11 833 417.08 |

2. 广东珠江股份有限公司为一般纳税人企业，增值税税率为 13%，销售甲、乙两种产品，销售乙产品时还需要缴纳消费税，消费税税率为 6%，城市维护建设税税率为 7%，教育费附加征收率为 3%。

3. 广东珠江股份有限公司固定资产资料如表 7-2 所示：

表 7-2

| 名称 | 使用状况 | 使用部门 | 类别 | 原值 | 残值率 | 使用年限 | 开始使用年限 | 月折旧额 | 累计折旧额 | 净值 |
|---|---|---|---|---|---|---|---|---|---|---|
| 厂房 A | 在用资产 | 生产车间 | 房屋 | 5 200 000.00 | 5% | 30 | 2016-2-20 | | 617 500.00 | 4 582 500.00 |
| 厂房 B | 在用资产 | 生产车间 | 房屋 | 1 200 000.00 | −5% | 25 | 2016-11-15 | | 151 200.00 | 1 048 800.00 |
| 生产设备 A | 在用资产 | 生产车间 | 生产设备 | 250 000.00 | 1% | 10 | 2015-2-15 | | 117 562.50 | 132 437.50 |
| 小货车 | 在用资产 | 生产车间 | 汽车 | 126 000.00 | 5% | 6 | 2018-12-10 | | 58 187.50 | 67 812.50 |
| 电脑 A | 在用资产 | 生产车间 | 电脑 | 5 000.00 | 0 | 5 | 2018-12-15 | | 2 916.67 | 2 083.33 |
| 电脑 B | 在用资产 | 生产车间 | 电脑 | 4 000.00 | 0 | 5 | 2018-12-10 | | 2 333.33 | 1 666.67 |
| 小计 | | | | 6 785 000.00 | | | | | 949 700.00 | 5 835 300.00 |
| 电脑 D | 在用资产 | 销售部门 | 电脑 | 6 000.00 | 0 | 5 | 2018-12-18 | | 3 500.00 | 2 500.00 |
| 小计 | | | | 6 000.00 | | | | | 3 500.00 | 2 500.00 |
| 电脑 C | 在用资产 | 财务部门 | 电脑 | 16 000.00 | 0 | 5 | 2018-12-10 | | 9 333.33 | 6 666.67 |
| 打印机 A | 在用资产 | 人力资源部门 | 打印机 | 12 000.00 | 5% | 5 | 2018-12-15 | | 6 650.00 | 5 350.00 |
| 办公大楼 | 在用资产 | 采购部门 | 房屋 | 2 600 000.00 | 5% | 40 | 2014-12-12 | | 303 604.17 | 2 296 395.83 |
| 小汽车 A | 在用资产 | 工程开发部门 | 汽车 | 245 000.00 | 5% | 10 | 2016-12-16 | | 67 885.42 | 177 114.58 |
| 小计 | | | | 2 873 000.00 | | | | | 387 472.92 | 2 485 527.08 |
| 合计 | | | | 9 664 000.00 | | | | | 1 340 672.92 | 8 323 327.08 |

4. 广东珠江股份有限公司固定资产折旧方法采用年限平均法计提折旧。

5. 广东珠江股份有限公司本月期初库存商品有关资料如下：

（1）甲产品有关明细账如表 7-3 所示：

表 7-3

| 时间 | 摘要 | 收入 | | | 发出 | | | 结存 | | |
|---|---|---|---|---|---|---|---|---|---|---|
| | | 数量 | 单价 | 金额 | 数量 | 单价 | 金额 | 数量 | 单价 | 金额 |
| 12.1 | 期初余额 | | | | | | | 6 000.00 | 90.00 | 540 000.00 |
| | | | | | | | | | | |
| | | | | | | | | | | |
| | | | | | | | | | | |

（2）乙产品有关明细账如表 7-4 所示：

表 7-4

| 时间 | 摘要 | 收入 | | | 发出 | | | 结存 | | |
|---|---|---|---|---|---|---|---|---|---|---|
| | | 数量 | 单价 | 金额 | 数量 | 单价 | 金额 | 数量 | 单价 | 金额 |
| 12.1 | 期初余额 | | | | | | | 14 000.00 | 80.00 | 1 120 000.00 |
| | | | | | | | | | | |
| | | | | | | | | | | |
| | | | | | | | | | | |

（3）原材料 A 明细账如表 7-5 所示：

表 7-5

| 时间 | 摘要 | 收入 | | | 发出 | | | 结存 | | |
|---|---|---|---|---|---|---|---|---|---|---|
| | | 数量 | 单价 | 金额 | 数量 | 单价 | 金额 | 数量 | 单价 | 金额 |
| 12.1 | 期初余额 | | | | | | | 1 000.00 | 125.7 | 125 700.00 |
| | | | | | | | | | | |
| | | | | | | | | | | |
| | | | | | | | | | | |

6. 广东珠江股份有限公司存货计价方法采用月末一次加权平均法计算存货成本。

7. 广东珠江股份有限公司预付账款期初余额明细表如表 7-6 所示：

表 7-6

| 序号 | 公司名称 | 方向 | 金额 |
|---|---|---|---|
| 1 | 广州环球有限责任公司 | 借 | 15 000.00 |
| 2 | 广州好邻居超市 | 贷 | 1 000.00 |
| 3 | 广州苏宁电器有限公司 | 借 | 2 000.00 |

8. 广东珠江股份有限公司预收账款期初余额明细表如表 7-7 所示：

表 7-7

| 序号 | 公司名称 | 方向 | 金额 |
|---|---|---|---|
| 1 | 广州环球有限责任公司 | 贷 | 25 000.00 |
| 2 | 广州好邻居超市 | 贷 | 3 000.00 |
| 3 | 广州苏宁电器有限公司 | 借 | 4 000.00 |

9. 广东珠江股份有限公司 2019 年 12 月发生的经济业务如下（经济业务涉及凭证参见图 7-1~图 7-50）：

（1）

```
广东省广州市国家税务局通用定额发票
          发票联
          叁  元
发票代码：×××
发票号码：×××
```

图 7-1

```
广东省广州市国家税务局通用定额发票
          发票联
          叁  元
发票代码：×××
发票号码：×××
```

图 7-2

**差旅费报销单**

出差部门：财务部　　　　　　　　　　　　　　　　2019 年 12 月 2 日

| 出差人：张小丽 | | | | | | | 出差事由：购发票交通费 | | | | |
|---|---|---|---|---|---|---|---|---|---|---|---|
| 出发 | | | 到达 | | | 交通工具 | 交通费 | | 出差补贴 | | | 其他项目 | | |

报销人：张小丽　　会计：王小丽　　财务经理：李中华　　总经理：刘 强

图 7-3

（2）

广东省增值税专用发票　　　　NO. ×××

发票联　　　　　　　　开票时间：2019 年 12 月 2 日

| 购货单位 | 名称：广东珠江股份有限公司<br>纳税人识别号：420601078932836<br>地址、电话：广州市金穗路 8 号<br>开户行及账号：工行天河支行 123456780 | | | | | 密码区 | | |
|---|---|---|---|---|---|---|---|---|
| 货物或应税劳务名称 | 规格型号 | 单位 | 数量 | 单价 | 金额 | 税率 | 税额 |
| 甲产品 | W-1 | 个 | 100 | 85.00 | 8 500.00 | 13% | 1 105.00 |
| 乙产品 | Z-1 | 个 | 200 | 86.00 | 17 200.00 | 13% | 2 236.00 |
| 合计 | | | | | 25 700.00 | | 3 341.00 |
| 价税合计（大写）：贰万玖仟零肆拾壹元整　　　（小写）29 041.00 | | | | | | | |
| 销货单位 | 名称：广州环球有限责任公司<br>纳税人识号：420601078932842<br>地址、电话：广州市长兴路 11 号 61115436<br>开户行及账号：工行天河支行 65456313034 | | | | | 备注 | | |

收款人：××　　　　复核：××　　　　开票人：××　　　　销货单位（章）

图 7-4

入库单

2019 年 12 月 10 日　　　　　　　　　　　　　单号：×××

部门：采购部　　　　　　　　用途：销售　　　　　　　　仓库：甲

| 编号 | 名称 | 规格 | 数量 | 单价 | 总额 | 备注 |
|---|---|---|---|---|---|---|
| 0001 | 甲产品 | W-1 | 100 | | | |
| 0002 | 乙产品 | Z-1 | 200 | | | |
| | | | | | | |
| | | | | | | |
| | | | | | | |
| | | | | | | |
| 合计： | | | | | | |

仓管员：孙　涛　　　　财务经理：李中华　　　　仓库经理：程　刚

图 7-5

（3）

广东省增值税普通发票　NO. ×××
发票联

开票时间：2019 年 12 月 2 日

| 购货单位 | 名称：广东珠江股份有限公司<br>纳税人识别号：420601078932836<br>地址、电话：广州市金穗路 8 号 86990231<br>开户行及账号：工行天河支行 123456780 | | | | | 密码区 | | |
|---|---|---|---|---|---|---|---|---|
| 货物或应税劳务名称 | 规格型号 | 单位 | 数量 | 单价 | 金额 | 税率 | 税额 |
| 汽油 | 93# | 升 | 200 | 6.367 5 | 1 273.5 | 13% | 165.56 |
| 合计 | | | | | 1 273.5 | | 165.56 |

价税合计（大写）：壹仟肆佰叁拾玖元零角陆分　　　（小写）1 439.06 元

| 销货单位 | 名称：中国石化广州公司　现金付讫<br>纳税人识号：430654879122<br>地址、电话：广州市体育西路 16 号 87469821<br>开户行及账号：工行体育西路支行 87465129010 | 备注 |
|---|---|---|

收款人：××　　复核：××　　开票人：××　　销货单位（章）

图 7-6

（注：销售部货车加油）

（4）

广东省增值税普通发票　NO. ×××
发票联

开票时间：2019 年 12 月 4 日

| 购货单位 | 名称：广东珠江股份有限公司<br>纳税人识别号：420601078932836<br>地址、电话：广州市金穗路 8 号 86990231<br>开户行及账号：工行天河支行 123456780 | | | | | 密码区 | | |
|---|---|---|---|---|---|---|---|---|
| 货物或应税劳务名称 | 规格型号 | 单位 | 数量 | 单价 | 金额 | 税率 | 税额 |
| EMS 快递费 | | 件 | 10 | 21.622 | 216.22 | 9% | 19.46 |
| 合计 | | | | | 216.22 | | 19.46 |

价税合计（大写）：贰佰叁拾伍元陆角捌分　　　（小写）235.68 元

| 销货单位 | 名称：中国邮政广州公司　现金付讫<br>纳税人识号：42060107893123<br>地址、电话：广州市执信路 164 号 8765400<br>开户行及账号：工行执信路支行 5641230789 | 备注 |
|---|---|---|

收款人：××　　复核：××　　开票人：××　　销货单位（章）

图 7-7

（注：全部由销售部负担）

（5）

**借支单**

部门（个人）：销售部　　　　　　　　　2019 年 12 月 1 日

| 借款人 | 王小丽 |
|---|---|
| 借款事由 | 出差 |
| 人民币（大写） | 贰仟元整　　　小写：¥：2 000.00 |
| 领导审批 | 现金付讫 |

借款人：　王小丽　　　　　财务经理：　李中华　　　　　总经理：　刘　强

图 7-8

（6）

**广东省增值税普通发票**　　　　　　NO. ×××
**发票联**　　　　　　　　　　　　　开票时间：2019 年 12 月 6 日

| 购货单位 | 名称：广东珠江股份有限公司<br>纳税人识别号：420601078932836<br>地址、电话：广州市金穗路 8 号　86990231<br>开户行及账号：工行天河支行 123456780 | | | | | 密码区 | | |
|---|---|---|---|---|---|---|---|---|
| 货物或应税劳务名称 | 规格型号 | 单位 | 数量 | 单价 | 金额 | 税率 | 税额 |
| 11 月电话通话费 | | 分钟 | 9 910 | 0.12 | 1 189.19 | 9% | 107.03 |
| 合计 | | | | | 1 189.19 | | 107.03 |

价税合计（大写）：壹仟贰佰玖拾陆元贰角贰分　　　（小写）1 296.22 元

| 销货单位 | 名称：中国电信广州分公司<br>纳税人识号：42060107893987<br>地址、电话：广州市东川路 18 号 86991120<br>开户行及账号：农行越秀支行 32145678012 | 备注 |
|---|---|---|

收款人：××　　　　复核：××　　　　开票人：××　　　销货单位（章）

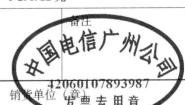

图 7-9

## 11 月电话费用分配表

| 序号 | 部门 | 电话号码 | 分配金额 | 签字 |
|------|------|----------|----------|------|
| 1 | 财务部 | 89745632，89745633 | 135.64 | |
| 2 | 生产车间 | 89745634，89745635 | 256.18 | |
| 3 | 总经理办 | 89745636 | 216.85 | |
| 4 | 销售部 | 89745637，89745638，89745639 | 687.55 | |
| | 合计 | | 1 296.22 | |

制表：王小丽　　　　　　　　　　审核：李中华

**图 7-10**

## 中国工商银行转账凭证

币种：CNY　　　　　　2019 年 12 月 10 日　　　　　　流水号：×××

| 收款人 | 全称 | 中国电信广州股份公司 | 付款人 | 全称 | 广东珠江股份有限公司 |
|--------|------|----------------------|--------|------|----------------------|
| | 账号 | 689700126540 | | 账号 | 123456780 |
| | 开户行 | 工行越秀支行 | | 开户行 | 工行天河支行 |

金额：人民币（大写）壹仟贰佰玖拾陆元贰角贰分　　人民币（小写）¥ 1 296.22

用途：

制单：　　　复核：

中国工商银行广州天河支行
2019.12.10
转讫
（银行盖章）

**图 7-11**

（7）

## 广东省公路内河旅客运输发票
### 发票联

发票代码：

发票号码：

广州站至深圳站　　　　　　票价：85.00

| 乘车日期 | 开车时间 | 车次 | 座号 | 售票号 | 检票口 |
|----------|----------|------|------|--------|--------|
| 20191202 | AM8：30 | 124 | 26 | 1 | 2 |

当日当次有效　　　　　　　　报销凭证

**图 7-12**

广东省公路内河旅客运输发票

发票联

发票代码：

发票号码：

深圳站至广州站　　　　　　　票价：85.00

| 乘车日期 | 开车时间 | 车次 | 座号 | 售票号 | 检票口 |
|---|---|---|---|---|---|
| 20191203 | PM8：30 | 124 | 26 | 1 | 2 |

当日当次有效　　　　　　　　报销凭证

图 7-13

广东省广州市出租汽车统一车票

发票联

144011370611

监督电话：87961245

此发票手写无效

电话：×××

车号：×××

日期：×××

上车：×××

下车：×××

单价：2.60 元/千米

里程：15 千米

候时：×××

金额：39.00 元

图 7-14

差旅费报销单

出差部门：市场销售部　　　　　　　　　　　　　　　　　年　月　日

| 出差人：王小丽 | | | | | | | 出差事由：签订销售合同 | | | | | |
|---|---|---|---|---|---|---|---|---|---|---|---|---|
| 出发 | | | 到达 | | | 交通工具 | 交通费 | | 出差补贴 | | 其他项目 | | |
| 月 | 日 | 地点 | 月 | 日 | 地点 | | 单据张数 | 金额 | 天数 | 标准/天 | 金额 | 项目 | 单据张数 | 金额 |
| | | | | | | | | | 2 | 40 | | 住宿费 | | |
| | | | | | | | | | | | | 市内车费 | | |
| | | | | | | | | | | | | 其他 | | |
| 小计 | | | | | | | | | | | | 现金付讫 | | |
| 合计人民币（大写） | | | | | | | | | | | | | | |

报销人：王小丽　　会计：　　财务经理：李中华　　总经理：刘强

图 7-15

广东省增值税普通发票　　NO. ×××

发票联　　　　　　　　　开票时间：2019 年 12 月 3 日

| 购货单位 | 名称：广东珠江股份有限公司<br>纳税人识别号：420601078932836<br>地址、电话：广州市金穗路 8 号 86990231<br>开户行及账号：工行天河支行 123456780 | | | 密码区 | | |

| 货物或应税劳务名称 | 规格型号 | 单位 | 数量 | 单价 | 金额 | 税率 | 税额 |
|---|---|---|---|---|---|---|---|
| 住宿费 | | 天 | 1 | 283.02 | 283.02 | 6% | 16.98 |
| 合计 | | | | | 283.02 | | 16.98 |

| 价税合计（大写）：叁佰元整　　　　（小写）300.00 元 | | | |

| 销货单位 | 名称：深圳七天酒店 现金付讫<br>纳税人识号：42056124078954<br>地址、电话：深圳市深南大道 181 号 65412016<br>开户行及账号：农行深南大道支行 546210304 | | 备注 |

收款人：××　　　复核：××　　　开票人：××

图 7-16

（8）　　　　　　广东省增值税专用发票　　NO. ×××

发票联　　　　　　　　　开票时间：2019 年 12 月 5 日

| 购货单位 | 名称：广东珠江股份有限公司<br>纳税人识别号：420601078932836<br>地址、电话：广州市金穗路 8 号 86990231<br>开户行及账号：工行天河支行 123456780 | | | 密码区 | | |

| 货物或应税劳务名称 | 规格型号 | 单位 | 数量 | 单价 | 金额 | 税率 | 税额 |
|---|---|---|---|---|---|---|---|
| 打印纸 | WY-1 | 箱 | 10 | 140.00 | 1 400.00 | 13% | 182.00 |
| 水笔 | | 支 | 500 | 2.00 | 1 000.00 | 13% | 130.00 |
| 合计 | | | | | 2 400.00 | | 312.00 |

| 价税合计（大写）：贰仟柒佰壹拾贰元整　　　（小写）2 712.00 | | | |

| 销货单位 | 名称：广州好邻居超市<br>纳税人识号：54620135476<br>地址、电话：广州大石路 134 号 87695412<br>开户行及账号：建行大石支行 789634120546 | | 备注 |

收款人：××　　　复核：××　　　开票人：××　　　销货单位（章）

图 7-17

**打印纸费用分配表**

| 序号 | 部门 | 数量 | 计量单位 | 单价 | 金额 | 签字 |
|---|---|---|---|---|---|---|
| 1 | 财务部 | 1 | 箱 | 140.00 | 140.00 | |
| 2 | 生产车间 | 3 | 箱 | 140.00 | 420.00 | |
| 3 | 总经理办 | 2 | 箱 | 140.00 | 280.00 | |
| 4 | 销售部 | 4 | 箱 | 140.00 | 560.00 | |
| | 合计 | | | | 1 400.00 | |

制表：王小丽　　　　　　审核：李中华

图 7-18

**水笔费用分配表**

| 序号 | 部门 | 数量 | 计量单位 | 单价 | 金额 | 签字 |
|---|---|---|---|---|---|---|
| 1 | 财务部 | 150 | 支 | 2.00 | 300.00 | |
| 2 | 生产车间 | 200 | 支 | 2.00 | 400.00 | |
| 3 | 总经理办 | 50 | 支 | 2.00 | 100.00 | |
| 4 | 销售部 | 100 | 支 | 2.00 | 200.00 | |
| | 合计 | | | | 1 000.00 | |

制表：王小丽　　　　　　审核：李中华

图 7-19

**中国工商银行支票**

| 中国工商银行支票存根 | 出票人日期：（大写）贰零壹玖年壹拾贰月零贰日 |
|---|---|
| ××× | 付款行名称：工行天河支行 |
| 附加信息 | 收款人：广州好邻居超市　　出票人账号 123456780 |
| 购货 | |

人民币（大写）贰仟柒佰壹拾贰元整　　百 十 万 千 百 十 元 角 分 / 2 7 1 2 0 0

出票日期　年　月　日
收款人
金额
用途
单位主管
会计

用途：上列款项请从我账户支付 出票人签章

广东珠江股份有限公司财务专用章　刘 强　　复核　记账

图 7-20

（9）

广东省增值税专用发票　　　NO. ×××

发票联　　　　　开票时间：2019 年 12 月 1 日

| 购货单位 | 名称：广东珠江股份有限公司<br>纳税人识别号：420601078932836<br>地址、电话：广州市金穗路 8 号<br>开户行及账号：工行天河支行 123456780 | | | | 密码区 | | |
|---|---|---|---|---|---|---|---|
| 货物或应税劳务名称 | 规格型号 | 单位 | 数量 | 单价 | 金额 | 税率 | 税额 |
| A 材料 | X-1 | 个 | 500 | 80.00 | 40 000.00 | 13% | 5 200.00 |
| B 材料 | Y-1 | 个 | 1 000 | 50.00 | 50 000.00 | 13% | 6 500.00 |
| 合计 | | | | | 90 000.00 | | 11 700.00 |
| 价税合计（大写）：壹拾万壹仟柒佰元整 | | | | | | | |
| 销货单位 | 名称：广州环球有限责任公司<br>纳税人识号：420601078932842<br>地址、电话：广州市长兴路 11 号 61115436<br>开户行及账号：工行天河支行 65456313034 | | | | | 备注 | |

收款人：××　　　复核：××　　　开票人：××　　　销货单位（章）

图 7-21

入库单

2019 年 12 月 10 日　　　　　单号：×××

部门：采购部　　　用途：生产用料　　　仓库：甲

| 编号 | 名称 | 规格 | 数量 | 单价 | 总额 | 备注 |
|---|---|---|---|---|---|---|
| 0001 | A 材料 | X-1 | 500 | 80.00 | 40 000.00 | |
| 0002 | B 材料 | Y-1 | 1 000 | 50.00 | 50 000.00 | |
| | | | | | | |
| | | | | | | |
| | | | | | | |
| | | | | | | |
| 合计：玖万元整 | | | | | 90 000.00 | |

仓管员： 孙 涛　　　财务经理： 李中华　　　仓库经理： 刘 强

图 7-22

中国工商银行商业承兑汇票

出票日期：贰零壹玖年壹拾贰月零玖日

| 付款人 | 全称 | 广东珠江股份有限公司 | 收款人 | 全称 | 广州环球有限责任公司 |
|---|---|---|---|---|---|
| | 账号 | 123456780 | | 账号 | 65456313034 |
| | 开户行 | 工行天河支行 | | 开户行 | 工行天河支行 |

| 出票金额 | 人民币（大写）壹拾万壹仟柒佰元整 | 百 | 十 | 万 | 千 | 百 | 十 | 元 | 角 | 分 |
|---|---|---|---|---|---|---|---|---|---|---|
| | | | 1 | 0 | 1 | 7 | 0 | 0 | 0 | 0 |

| 汇票到期日（大写） | 贰零贰零年叁月零玖日 | 付款人开户行 | 行号 | 95588 |
|---|---|---|---|---|
| 交易合同号 | | | 地址 | 广州 |

| 本汇票已经承兑，到期无条件付款。<br><br>　　　　承兑人签章<br>承兑日期　　年 月 日 | 本汇票请予以承兑于到期日付款。<br><br>广东珠江股份有限公司财务专用章　　　　　出票人签章　刘强 |
|---|---|

图 7-23

（10）

广东省增值税普通发票　　　　　NO. ×××

发票联　　　　　　开票时间：2019 年 12 月 10 日

| 购货单位 | 名称：广东珠江股份有限公司<br>纳税人识别号：420601078932836<br>地址、电话：广州市金穗路 8 号<br>开户行及账号：工行天河支行 123456780 | | | | | 密码区 | | |
|---|---|---|---|---|---|---|---|---|
| 货物或应税劳务名称 | 规格型号 | 单位 | 数量 | 单价 | 金额 | 税率 | 税额 |
| C 材料 | M-1 | 个 | 1 800 | 62.00 | 111 600.00 | 13% | 14 508.00 |
| 合计 | | | | | 111 600.00 | | 14 508.00 |
| 价税合计（大写）：壹拾贰万陆仟壹佰零捌元整　　　　（小写）126 108.00 元 | | | | | | | |
| 销货单位 | 名称：佛山铝业有限责任公司<br>纳税人识号：420601078931429<br>地址、电话：佛山市南海大道 65 号 4448888<br>开户行及账号：工行南海支行 65456319876 | | | | 佛山铝业有限责任公司<br>420601078931429<br>发票专用章 | | |

收款人：××　　　　复核：××　　　　开票人：××　　　　销货单位（章）

图 7-24

广东省增值税专用发票　　　　　NO. ×××

发票联　　　　　　　　　　　开票时间：2019 年 12 月 10 日

| 购货单位 | 名称：广东珠江股份有限公司<br>纳税人识别号：420601078932836<br>地址、电话：广州市金穗路 8 号<br>开户行及账号：工行天河支行 123456780 | | | | | 密码区 | | |
|---|---|---|---|---|---|---|---|---|
| 货物或应税劳务名称 | 规格型号 | 单位 | 数量 | 单价 | 金额 | 税率 | 税额 |
| 陆路运输服务 | | 元/千米 | 2 500 | 0.8 | 2 000 | 9% | 180 |
| | | | | | | | |
| | | | | | | | |
| 价税合计（大写）：贰仟壹佰捌拾元整 | | | | | （小写）2 180.00 元 | | |
| 销货单位 | 名称：广州顺丰物流有限公司<br>纳税人识号：42060107893165<br>地址、电话：广州市同泰路 5 号 87652310<br>开户行及账号：工行白云支行 65456311587 | | | | | 备注 | | |

收款人：××　　　　复核：××　　　　开票人：××　　　　销货单位（章）发票专用章

广州顺丰物流有限公司
42060107893165
发票专用章

图 7-25

入库单

2019 年 12 月 11 日　　　　　　　　　　　　单号：×××

部门：采购部　　　　　　用途：生产用料　　　　　　仓库：甲

| 编号 | 名称 | 规格 | 数量 | 单价 | 总额 | 备注 |
|---|---|---|---|---|---|---|
| 0003 | C 材料 | M-1 | 1 800 | | | |
| | | | | | | |
| | | | | | | |
| | | | | | | |
| | | | | | | |
| | | | | | | |
| 合计： | | | | | | |

仓管员：孙　涛　　　　财务经理：李中华　　　　仓库经理：程　刚

图 7-26

中国工商银行支票

| 中国工商银行支票存根<br>×××<br><br>附加信息<br><br>付运费 | 出票人日期：（大写）贰零壹玖年壹拾贰月壹拾壹日<br>付款行名称：工行天河支行<br>收款人：广州顺丰物流有限公司　　　出票人账号 123456780 |
|---|---|

| | 人民币（大写）贰仟壹佰捌拾元整 | 百 | 十 | 万 | 千 | 百 | 十 | 元 | 角 | 分 |
|---|---|---|---|---|---|---|---|---|---|---|
| | | | | | 2 | 1 | 8 | 0 | 0 | 0 |

| 出票日期　年　月　日 | 用途：<br>上列款项请从<br>我账户支付<br>出票人签章 |
|---|---|
| 收款人 | |
| 金额 | |
| 用途 | |
| 单位主管 | |
| 会计 | |

广东珠江股份有限公司财务专用章

刘强

复核　记账

图 7-27

（11）

广东省增值税专用发票　　　　NO. ×××

发票联　　　　开票时间：2019 年 12 月 11 日

| 购货单位 | 名称：广东珠江股份有限公司<br>纳税人识别号：420601078932836<br>地址、电话：广州市金穗路 8 号<br>开户行及账号：工行天河支行 123456780 | | | | 密码区 | | | |
|---|---|---|---|---|---|---|---|---|
| 货物或应税劳务名称 | 规格型号 | 单位 | 数量 | 单价 | 金额 | 税率 | 税额 |
| 生产设备 D | A-1 | 台 | 1 | 800 000.00 | 800 000.00 | 13% | 104 000.00 |
| 合计 | | | | | 800 000.00 | | 104 000.00 |
| 价税合计（大写）：玖拾万肆仟元整　　　　¥904 000.00 | | | | | | | |
| 销货单位 | 名称：广州环球有限责任公司<br>纳税人识号：420601078932842<br>地址、电话：广州市长兴路 11 号 61115436<br>开户行及账号：工行天河支行 65456313034 | | | | | 备注 | |

广州环球有限责任公司
420601078932842
发票专用章

收款人：××　　　复核：××　　　开票人：××　　　销货单位（章）

图 7-28

### 中国工商银行商业承兑汇票
出票日期：贰零壹玖年壹拾贰月壹拾壹日

| 付款人 | 全称 | 广东珠江股份有限公司 | 收款人 | 全称 | 广州环球有限责任公司 |
|---|---|---|---|---|---|
| | 账号 | 123456780 | | 账号 | 65456313034 |
| | 开户行 | 工行天河支行 | | 开户行 | 工行天河支行 |

| 出票金额 | 人民币<br>（大写）玖拾万肆仟元整 | 百 | 十 | 万 | 千 | 百 | 十 | 元 | 角 | 分 |
|---|---|---|---|---|---|---|---|---|---|---|
| | | | 9 | 0 | 4 | 0 | 0 | 0 | 0 | 0 |

| 汇票到期日<br>（大写） | 贰零贰零年陆月壹拾壹日 | 付款人开户行 | 行号 | 95588 |
|---|---|---|---|---|
| 交易合同号 | | | 地址 | 广州 |

| 本汇票已经承兑，到期无条件付款。<br><br>　　　　承兑人签章<br>承兑日期　　年　月　日 | 本汇票请予以承兑于到期日付款。<br><br>广东珠江股份有限<br>公司财务专用章<br><br>　　　　　　　　出票人签章　刘　强 |
|---|---|

图 7-29

### 固定资产验收单

| 名称 | 生产设备 D | 数量 | 1 | 开始使用时间 | 2019.12 | 使用期限 | 5 |
|---|---|---|---|---|---|---|---|
| 规格 | A-1 | 计量单位 | 台 | 停止使用时间 | 2024.12 | 使用部门 | 生产车间 |
| 责任人 | 张三 | 设备编号 | 20191201 | 预计清理费用 | 10 000.00 | 已使用年限 | 0 |
| 存放地点 | 生产车间 | 形成方式 | 购入 | 预计残值收入 | 36 000.00 | 月折旧率 | |
| 月折旧额 | | 入账价值 | 800 000.00 | | | | |
| 已提折旧额 | | 资产类别 | 生产设备 | | | | |

使用人：××　　　　　　会计：王小丽　　　　　　设备管理人：××

图 7-30

（12）

广东省增值税专用发票　　　　NO. ×××

发票联　　　　　　　　开票时间：2019 年 12 月 8 日

| 购货单位 | 名称：广东珠江股份有限公司<br>纳税人识别号：420601078932836<br>地址、电话：广州市金穗路 8 号<br>开户行及账号：工行天河支行 123456780 | | | | 密码区 | | |
|---|---|---|---|---|---|---|---|
| 货物或应税<br>劳务名称 | 规格型号 | 单位 | 数量 | 单价 | 金额 | 税率 | 税额 |
| HP 打印机 | W-12 | 台 | 1 | 10 000.00 | 10 000.00 | 13% | 1 300.00 |
| 合计 | | | | | 10 000.00 | | 1 300.00 |
| 价税合计（大写）：壹万壹仟叁佰元整　　　　（小写）11 300.00 元 | | | | | | | |
| 销货单位 | 名称：广州苏宁电器有限公司<br>纳税人识号：420601079645210<br>地址、电话：广州市天河路 16 号 85546987<br>开户行及账号：建行天河支行 654563789614 | | | | | | |

收款人：×× 　　　　复核：×× 　　　　开票人：×× 　　　　销货单位（章）

图 7-31

**固定资产验收单**

| 名称 | HP 打印机 | 数量 | 1 | 开始使用<br>时间 | 2019.12 | 使用期限 | 5 |
|---|---|---|---|---|---|---|---|
| 规格 | W-12 | 计量单位 | 台 | 停止使用<br>时间 | 2024.12 | 使用部门 | 办公室 |
| 责任人 | 王华 | 设备编号 | 20191203 | 预计清理<br>费用 | 0 | 已使用年限 | 0 |
| 存放地点 | 办公室 | 形成方式 | 购入 | 预计残值<br>收入 | 200.00 | 月折旧率 | |
| 月折旧额 | | 入账价值 | 10 000.00 | | | | |
| 已提折旧额 | | 资产类别 | 办公设备 | | | | |

使用人：×× 　　　　会计：王小丽 　　　　设备管理人：××

图 7-32

信汇凭证

中国工商银行信汇凭证（回单）

2019 年 12 月 9 日　　　　　　　　　　　第××号

| 收款人 | 全称 | 广州苏宁电器有限公司 | 汇款人 | 全称 | 广东珠江股份有限公司 |
|---|---|---|---|---|---|
| | 账号 | 654563789614 | | 账号 | 123456780 |
| | 汇入地点 | 广州 | 汇入行 | 工行 | 汇出地点 | 广州 | | 工行 |

| 金额 | （大写）壹万壹仟叁佰元整 | 百 | 十 | 万 | 千 | 百 | 十 | 元 | 角 | 分 |
|---|---|---|---|---|---|---|---|---|---|---|
| | | | | 1 | 1 | 3 | 0 | 0 | 0 | 0 |

汇款用途：　　　　　　　　　　　　　汇出行盖章

单位主管：　会计：　记账：　复核：

中国工商银行广州天河支行 2019.12.9 转讫

图 7-33

（13）　　　　　　　　固定资产折旧明细表　　　　　　　单位：元

| 名称 | 使用状况 | 使用部门 | 类别 | 原值 | 残值率（%） | 使用年限（年） | 开始使用年限 | 月折旧额 | 累计折旧额 | 净值 |
|---|---|---|---|---|---|---|---|---|---|---|
| 厂房 A | 在用资产 | 生产车间 | 房屋 | 5 200 000.00 | 5% | 30 | 2016-2-20 | | | |
| 厂房 B | 在用资产 | 生产车间 | 房屋 | 1 200 000.00 | -5% | 25 | 2016-11-15 | | | |
| 生产设备 A | 在用资产 | 生产车间 | 生产设备 | 250 000.00 | 1% | 10 | 2015-2-15 | | | |
| 小货车 | 在用资产 | 生产车间 | 汽车 | 126 000.00 | 5% | 6 | 2018-12-10 | | | |
| 电脑 A | 在用资产 | 生产车间 | 电脑 | 5 000.00 | 0 | 5 | 2018-12-15 | | | |
| 电脑 B | 在用资产 | 生产车间 | 电脑 | 4 000.00 | 0 | 5 | 2018-12-10 | | | |
| | | | | | | | | | | |
| | | | | | | | | | | |
| | | | | | | | | | | |
| 小计 | | | | | | | | | | |
| 电脑 D | 在用资产 | 销售部门 | 电脑 | 6 000.00 | 0 | 5 | 2018-12-18 | | | |
| | | | | | | | | | | |
| | | | | | | | | | | |
| 小计 | | | | | | | | | | |
| 电脑 C | 在用资产 | 财务部门 | 电脑 | 16 000.00 | 0 | 5 | 2018-12-10 | | | |
| 打印机 A | 在用资产 | 人力资源部门 | 打印机 | 12 000.00 | 5% | 5 | 2018-12-15 | | | |
| 办公大楼 | 在用资产 | 采购部门 | 房屋 | 2 600 000.00 | 5% | 40 | 2014-12-12 | | | |
| 小汽车 A | 在用资产 | 工程开发部门 | 汽车 | 245 000.00 | 5% | 10 | 2016-12-16 | | | |
| | | | | | | | | | | |
| | | | | | | | | | | |
| | | | | | | | | | | |
| 小计 | | | | | | | | | | |

制表：王小丽　　　　　　　审核：李中华

图 7-34

（14）

12 月工资表　　　　　　　　　　　　　　　　　单位：元

| 部门 | 姓名 | 基本工资 | 职务工资 | 岗位工资 | 奖金 | 交通补贴 | 误餐补贴 | 应发合计 | 事假扣款 | 病假扣款 | 迟到扣款 | 旷工扣款 | 代扣水电 | 代扣五险 | 代扣个税 | 扣款合计 | 实发合计 |
|---|---|---|---|---|---|---|---|---|---|---|---|---|---|---|---|---|---|
| 财务部 | 李一 | 8 000 | 1 000 | 500 | 600 | 400 | 200 | 10 700 | | | 100 | | | | | 100 | 10 600 |
| | 李二 | 4 800 | 800 | 300 | 200 | 400 | 200 | 6 700 | | | | | | | | | 6 700 |
| 小计 | | | | | | | | 17 400 | | | | | | | | 100 | 17 300 |
| 采购部 | 张三 | 3 000 | 500 | 150 | 250 | 400 | 200 | 4 500 | | | | | 50 | | | 50 | 4 450 |
| | 张四 | 2 500 | 300 | 100 | 200 | 400 | 200 | 3 900 | | 250 | | | | | | 250 | 3 650 |
| | 张五 | 2 000 | 200 | 100 | 200 | 400 | 200 | 3 100 | | | | 110 | | | | 110 | 2 990 |
| 小计 | | | | | | | | 11 500 | | | | | | | | 410 | 11 090 |
| 人事部 | 王一 | 5 000 | 700 | 300 | 500 | 400 | 200 | 7 100 | | | | 50 | | | | 50 | 7 050 |
| | 王二 | 3 600 | 500 | 120 | 240 | 400 | 200 | 5 060 | | | | | | | | | 5 060 |
| | 王三 | 2 800 | 400 | 100 | 100 | 400 | 200 | 4 000 | | | | | | | | | 4 000 |
| 小计 | | | | | | | | 16 160 | | | | | | | | 50 | 16 110 |
| 工程开发 | 万一 | 6 000 | 500 | 400 | 300 | 400 | 200 | 7 800 | | | | | | | | | 7 800 |
| | 万二 | 5 500 | 500 | 350 | 400 | 400 | 200 | 7 350 | | | | | | | | | 7 350 |
| 小计 | | | | | | | | 15 150 | | | | | | | | | 15 150 |
| 车间办公室 | 陈一 | 8 000 | 600 | 300 | 400 | 400 | 200 | 9 900 | | | | | | | | | 9 900 |
| | 陈二 | 6 500 | 550 | 250 | 60 | 400 | 200 | 7 960 | | 400 | | | | | | 400 | 7 560 |
| 小计 | | | | | | | | 17 860 | | | | | | | | 400 | 17 460 |
| 车间生产线 | 董一 | 2 500 | 200 | 150 | 100 | 400 | 200 | 3 550 | | | 45 | | | | | 45 | 3 505 |
| | 董二 | 2 500 | 200 | 150 | 100 | 400 | 200 | 3 550 | | | | | | | | | 3 550 |
| | 董三 | 2 500 | 200 | 150 | 100 | 400 | 200 | 3 550 | | | | 68 | | | | 68 | 3 482 |
| 小计 | | | | | | | | 10 650 | | | | | | | | 113 | 10 537 |
| 销售部 | 汤一 | 2 000 | 200 | 300 | 0 | 400 | 200 | 3 100 | | | 60 | | | | | 60 | 3 040 |
| | 汤二 | 2 000 | 200 | 300 | 0 | 400 | 200 | 3 100 | | | | 260 | | | | 260 | 2 840 |
| 小计 | | | | | | | | 6 200 | | | | | | | | 320 | 5 880 |
| 总计 | | | | | | | | | | | | | | | | | |

制表：　王小丽　　　　　　审核：　李中华　　　　　　　总经理：　刘　强

**图 7-35**

（注：暂不考虑代扣个税、"五险"的情况）

（15）

广东省医疗收费票据

业务流水号　×××　　　　　　社会保险号：×××　　　　　　病历号：×××

住院（科室）：外科　　　　　　住院号：×××

医院类型：三级医院　2019 年 12 月 20 日

| 姓名 | 董一 | √□付诊□急诊□住院 | | 住院日期 | | 出院日期 | |
|------|------|------|------|------|------|------|------|
| 性别 | □男□女 | 医保统筹□自费记账 | | 个人缴费 | 965 | 结算方式 | 现金付讫 |
| 医药费 | 金额 | 诊查费 | 金额 | 治疗费 | 金额 | 其他 | 金额 |
| 西药 | 280 | 诊查费 | 5 | | | | |
| 中成药 | 60 | 检查费 | 620 | | | | |
| | | | | | | | |
| 预交款 | | 补收 | | 退款 | | 欠款 | |

合计人民币（大写）零拾零万零仟玖佰陆拾伍元零角零分　　　　¥：965.00

收款单位（盖章）：　　　　复核：××　　　　收款人：××

图 7-36

（16）

广东省增值税专用发票　　　NO. ×××
发票联　　　开票时间：2019 年 12 月 21 日

| 购货单位 | 名称：上海环球制造有限公司 纳税人识别号：536401208195 地址、电话：上海北京路 168 号 开户行及账号：工行北京支行 589421012 | | | | 密码区 | | |
|------|------|------|------|------|------|------|------|
| 货物或应税劳务名称 | 规格型号 | 单位 | 数量 | 单价 | 金额 | 税率 | 税额 |
| 甲产品 | A-1 | 个 | 500 | 120.00 | 60 000.00 | 13% | 7 800.00 |
| | | | | | | | |
| 合计 | | | | | 60 000.00 | | 7 800.00 |
| 价税合计（大写）：陆万柒仟捌佰元整 | | | | | ¥：67 800.00 | | |
| 销货单位 | 名称：广东珠江股份有限公司 纳税人识号：420601078932287 地址、电话：广州市金穗路 8 号 86990221 开户行及账号：工行天河支行 123456780 | | | | | 备注 | |

收款人：××　　　复核：××　　　开票人：××　　　销货单位（章）

图 7-37

### 广东珠江公司出库单

部门：销售部　　　　用途：产品销售　　　　时间：20191221　　　　单号：××

| 名称 | 规格 | 计量单位 | 数量 | 单价 | 总额 | 备注 |
|---|---|---|---|---|---|---|
| 甲产品 | A-1 | 个 | 500 |  |  |  |
|  |  |  |  |  |  |  |
|  |  |  |  |  |  |  |
|  |  |  |  |  |  |  |
|  |  |  |  |  |  |  |
|  |  |  |  |  |  |  |
|  |  |  |  |  |  |  |
|  |  |  |  |  |  |  |
| 合 计 |  |  | 500 |  |  |  |

制表：孙　涛　　　　物料经理：程　刚　　　　财务经理：李中华

图 7-38

### 中国工商银行进账单（回单）

2019 年 12 月 21 日

| 出票人 | 全称 | 上海环球制造有限公司 | 收款人 | 全称 | 广东珠江股份有限公司 | | | | | | | |
|---|---|---|---|---|---|---|---|---|---|---|---|---|
| | 账号 | 589421012 | | 账号 | 123456780 | | | | | | | |
| | 开户行 | 工行北京支行 | | 开户行 | 工行天河支行 | | | | | | | |
| 金额 | 人民币<br>（大写）陆万零柒仟捌佰元整 | | | | 百 | 十 | 万 | 千 | 百 | 十 | 元 | 角 | 分 |
| | | | | | | | 6 | 7 | 8 | 0 | 0 | 0 | 0 |
| 票据种类 | | 票据张数 | | 开户行盖章 | | | | | | | | |
| 票据号码 | | | | | | | | | | | | |
| 复核： | | 记账 | | | | | | | | | | |

中国工商银行广州天河支行
2019.12.21
转讫

图 7-39

(17)

广东省增值税专用发票　　　NO. ×××
发票联
开票时间：2019 年 12 月 22 日

| 购货单位 | 名称：北京北方制造有限公司<br>纳税人识别号：65640129840<br>地址、电话：北京建国路 25 号<br>开户行及账号：工行建国支行 896421123 | | | | 密码区 | | | |
|---|---|---|---|---|---|---|---|---|
| 货物或应税劳务名称 | 规格型号 | 单位 | 数量 | 单价 | 金额 | 税率 | 税额 |
| 乙产品 | B-1 | 个 | 5000 | 120.00 | 600 000.00 | 13% | 78 000.00 |
| 合计 | | | | | 600 000.00 | | 78 000.00 |
| 价税合计（大写）：陆拾柒万捌仟元整 | | | | | ￥678 000.00 | | 备注 |
| 销货单位 | 名称：广东珠江股份有限公司<br>纳税人识号：420601078932287<br>地址、电话：广州市金穗路 8 号 86990231<br>开户行及账号：工行天河支行 123456780 | | | | | | | 备注 |

广东珠江股份有限公司
420601078932287
发票专用章

收款人：×× 　　复核：×× 　　开票人：×× 　　销货单位（章）

图 7-40

广东珠江公司出库单

部门：销售部　　用途：产品销售　　时间：20191222　　单号：

| 名称 | 规格 | 计量单位 | 数量 | 单价 | 总额 | 备注 |
|---|---|---|---|---|---|---|
| 乙产品 | B-1 | 个 | 5 000 | | | |
| | | | | | | |
| | | | | | | |
| | | | | | | |
| | | | | | | |
| | | | | | | |
| | | | | | | |
| | | | | | | |
| 合计 | | | 5 000 | | | |

制表：孙 涛　　　物料经理：程 刚　　　财务经理：李中华

图 7-41

（18）

广东省增值税专用发票　　　NO. ×××
发票联　　　　　　　　　开票时间：2019 年 12 月 28 日

| 购货单位 | 名称：广东珠江股份有限公司<br>纳税人识别号：420601078932836<br>地址、电话：广州市金穗路 8 号<br>开户行及账号：工行天河支行 123456780 | | | | | 密码区 | | |
|---|---|---|---|---|---|---|---|---|
| 货物或应税<br>劳务名称 | 规格型号 | 单位 | 数量 | 单价 | 金额 | 税率 | 税额 |
| A 材料 | X-1 | 个 | 800 | 85.00 | 68 000.00 | 13% | 8 840.00 |
| B 材料 | Y-1 | 个 | 2 000 | 52.00 | 104 000.00 | 13% | 13 520.00 |
| 合计 | | | | | 172 000.00 | | 22 360.00 |

价税合计（大写）：壹拾玖万肆仟叁佰陆拾元整　　　（小写）194 360.00

| 销货单位 | 名称：深圳圳发有限责任公司<br>纳税人识别号：420601078934210<br>地址、电话：深圳市滨海大道 5 号 87654321<br>开户行及账号：工行滨海支行 65456314576 |
|---|---|

收款人：×× 　　　复核：×× 　　　开票人：×× 　　　销货单位（章）

图 7-42

入库单

2019 年 12 月 29 日　　　　　　　　　　　　　单号：×××

部门：采购部　　　　　　用途：生产用料　　　　　　仓库：甲

| 编号 | 名称 | 规格 | 数量 | 单价 | 总额 | 备注 |
|---|---|---|---|---|---|---|
| 0001 | A 材料 | X-1 | 800 | | | |
| 0002 | B 材料 | Y-1 | 2 000 | | | |
| | | | | | | |
| | | | | | | |
| 合计： | | | | | | |

仓管员：　孙　涛　　　　财务经理：　李中华　　　　仓库经理：　程　刚

图 7-43

广东省增值税专用发票　　NO. ×××
发票联　　　　　　　开票时间：2019 年 12 月 28 日

| 购货单位 | 名称：广东珠江股份有限公司<br>纳税人识别号：420601078932836<br>地址、电话：广州市金穗路 8 号<br>开户行及账号：工行天河支行 123456780 | | | 密码区 | | |

| 货物或应税劳务名称 | 规格型号 | 单位 | 数量 | 单价 | 金额 | 税率 | 税额 |
|---|---|---|---|---|---|---|---|
| 陆路运输服务 | | 元/千米 | 2 500 | 0.8 | 2 000 | 9% | 180 |

价税合计（大写）：贰仟壹佰捌拾元整　　　　　（小写）2 180.00 元

| 销货单位 | 名称：广州顺丰物流有限公司<br>纳税人识号：42060107893165<br>地址、电话：广州市同泰路 5 号 87652310<br>开户行及账号：工行白云支行 65456311587 | 备注 |

收款人：×× 　复核：×× 　开票人：×× 　销货单位（章）发票专用章

（注：根据价格总额分摊运费）

图 7-44

**中国工商银行支票**

| 中国工商银行支票存根<br>×××<br>附加信息<br>付运费 | 出票人日期：（大写）贰零壹玖年壹拾贰月贰拾玖日<br>付款行名称：工行天河支行<br>收款人：广州顺丰物流有限公司　　出票人账号 123456780 | | | | | | | | | |
|---|---|---|---|---|---|---|---|---|---|---|
| | 人民币（大写）贰仟壹佰捌拾元整 | 百 | 十 | 万 | 千 | 百 | 十 | 元 | 角 | 分 |
| | | | | | 2 | 1 | 8 | 0 | 0 | 0 |
| 出票日期 年 月 日<br>收款人<br>金额<br>用途<br>单位主管<br>会计 | 用途：<br>上列款项请从<br>我账户支付<br>出票人签章 | 公司财务专用章 广东珠江股份有限 | 刘强 复核 记账 | | | | | | | |

图 7-45

中国工商银行承兑汇票

出票日期：贰零壹玖年壹拾贰月贰拾玖日

| 出票人 | 全称 | 广东珠江股份有限公司 | 收款人 | 全称 | 深圳圳发有限责任公司 |
|---|---|---|---|---|---|
| | 账号 | 123456780 | | 账号 | 65456314576 |
| | 开户行 | 工行天河支行 | | 开户行 | 工行滨海支行 |

| 出票金额 | 人民币（大写）壹拾玖万肆仟叁佰陆拾元整 | 十 | 万 | 千 | 百 | 十 | 元 | 角 | 分 |
|---|---|---|---|---|---|---|---|---|---|
| | | 1 | 9 | 4 | 3 | 6 | 0 | 0 | 0 |

| 汇票到期日（大写） | 贰零贰零年叁月拾伍日 | 付款行 | 行号 | |
|---|---|---|---|---|
| 承兑协议号 | | | 地址 | |

| 本汇票请你行承兑，到期无条件付款 | 本汇票已经承兑，到期由本行付款 |
|---|---|
| 广东珠江股份有限公司财务专用章　　刘　强　　出票人签章 | 中国工商银行广州分行 汇票专用章　　记账：　　复核： |

图 7-46

（19）

广东省增值税专用发票　　　　NO. ×××

发票联　　　　　　　　开票时间：2019 年 12 月 26 日

| 购货单位 | 名称：长春机械制造有限公司 纳税人识别号：458740127801 地址、电话：长春建设 225 号 开户行及账号：工行建国支行 896421123 | 密码区 | |
|---|---|---|---|

| 货物或应税劳务名称 | 规格型号 | 单位 | 数量 | 单价 | 金额 | 税率 | 税额 |
|---|---|---|---|---|---|---|---|
| 乙产品 | B-1 | 个 | 2 000.00 | 240.00 | 480 000.00 | 13% | 62 400.00 |
| | | | | | | | 62 400.00 |
| 合计 | | | | | 480 000.00 | | 62 400.00 |

| 价税合计（大写）：伍拾肆万贰仟肆佰元整　　　　（小写）542 400.00 |
|---|

| 销货单位 | 名称：广东珠江股份有限公司 纳税人识号：420601078932287 地址、电话：广州市金穗路 8 号 86990231 开户行及账号：工行天河支行 123456780 | 广东珠江股份有限公司 420601078932287 发票专用章 | 备注 |
|---|---|---|---|

收款人：×× 　　　复核：×× 　　　开票人：×× 　　　销货单位（章）

图 7-47

**广东珠江公司出库单**

部门：销售部 用途：产品销售 时间： 单号：

| 名称 | 规格 | 计量单位 | 数量 | 单价 | 总额 | 备注 |
|------|------|----------|------|------|------|------|
| 乙产品 | B-1 | 个 | 2 000 | | | |
| | | | | | | |
| | | | | | | |
| | | | | | | |
| | | | | | | |
| | | | | | | |
| | | | | | | |
| 合计 | | | 2 000 | | | |

制表： 孙 涛 物料经理： 程 刚 财务经理： 李中华

图 7-48

**中国工商银行进账单（回单）**

2019 年 12 月 30 日

| 出票人 | 全称 | 长春机械制造有限公司 | 收款人 | 全称 | 广东珠江股份有限公司 |
|--------|------|----------------------|--------|------|----------------------|
| | 账号 | 工行建国支行 | | 账号 | 123456789 |
| | 开户行 | 896421123 | | 开户行 | 工行天河支行 |

| 金额 | 人民币（大写）伍拾肆万贰仟肆佰元整 | 百 | 十 | 万 | 千 | 百 | 十 | 元 | 角 | 分 |
|------|------|----|----|----|----|----|----|----|----|----|
| | | | | 5 | 4 | 2 | 4 | 0 | 0 | 0 | 0 |

| 票据种类 | | 票据张数 | 开户行盖章 |
|----------|--|----------|------------|
| 票据号码 | | | |
| 复核： | 记账 | | |

（中国工商银行广州天河支行 2019.12.30 转讫）

图 7-49

（20）产品销售成本计算表如下：

| 名称 | 规格 | 计量单位 | 数量 | 单价 | 总额 | 备注 |
|------|------|----------|------|------|------|------|
| 甲产品 | A-1 | 个 | | | | |
| 乙产品 | B-1 | 个 | | | | |
| | | | | | | |
| 合计 | | 大写（人民币） | | | | |

制表： 王小丽 审核： 李中华

图 7-50

（21）城市维护建设税、教育费附加计算表如表7-8所示：

表7-8

| 计税依据 | | 计税金额 | 税率（%） | 本期应纳税额 | 本期已缴税额 | 本期应（补）退税额 |
|---|---|---|---|---|---|---|
| | | （1） | （2） | （3）＝（1）×（2） | （4） | （5）＝（3）－（4） |
| 教育费附加 | 增值税 | | 3 | | | |
| | 消费税 | | 3 | | | |
| 小计 | | | | | | |
| 城市维护建设税 | 增值税 | | 7 | | | |
| | 消费税 | | 7 | | | |
| 小计 | | | | | | |
| 合计 | | | | | | |

（22）本月会计科目试算平衡表如表7-9所示：

表7-9

| 序号 | 会计科目 | 期初余额 | 借方发生额 | 贷方发生额 | 借方余额 | 贷方余额 |
|---|---|---|---|---|---|---|
| 1 | 库存现金 | | | | | |
| 2 | 银行存款 | | | | | |
| 3 | 原材料 | | | | | |
| 4 | 库存商品 | | | | | |
| 5 | 应收账款 | | | | | |
| 6 | 应收票据 | | | | | |
| 7 | 坏账准备 | | | | | |
| 8 | 固定资产 | | | | | |
| 9 | 累计折旧 | | | | | |
| 10 | 应付账款 | | | | | |
| 11 | 应付票据 | | | | | |
| 12 | 应交税费 | | | | | |
| 13 | 应付职工薪酬 | | | | | |
| 14 | 管理费用 | | | | | |
| 15 | 销售费用 | | | | | |

表7-9（续）

| 序号 | 会计科目 | 期初余额 | 借方发生额 | 贷方发生额 | 借方余额 | 贷方余额 |
|---|---|---|---|---|---|---|
| 16 | 主营业务收入 | | | | | |
| 17 | 主营业务成本 | | | | | |
| 18 | 税金及附加 | | | | | |
| 19 | | | | | | |
| 20 | | | | | | |
| 21 | | | | | | |
| 22 | | | | | | |
| 23 | | | | | | |
| 24 | | | | | | |
| 25 | | | | | | |
| | 合计 | | | | | |

（23）12月利润表如表7-10所示：

表7-10　　　　　　　　　　　　利润表

编制单位：　　　　　　　　　　年　月　日　　　　　　　　单位：元

| 项目 | 行次 | 本月数 | 本年累计数 |
|---|---|---|---|
| 一、营业收入 | 1 | | |
| 　减：营业成本 | 2 | | |
| 　　　税金及附加 | 3 | | |
| 　　　销售费用 | 4 | | |
| 　　　管理费用 | 5 | | |
| 　　　财务费用 | 6 | | |
| 　　　资产减值损失 | 7 | | |
| 　加：公允价值变动收益 | 8 | | |
| 　　　投资收益 | 9 | | |
| 二、营业利润 | 10 | | |
| 　加：营业外收入 | 11 | | |
| 　减：营业外支出 | 12 | | |
| 三、利润总额 | 13 | | |
| 　减：所得税费用 | 14 | | |
| 四、净利润 | 15 | | |

（24）收入费用类有关会计项目累计金额明细表如表 7-11 所示：

表 7-11 单位：元

| 序号 | 会计项目 | 1~11 月累计金额 |
|---|---|---|
| 1 | 营业收入 | 2 560 000.00 |
| 2 | 营业成本 | 1 846 950.00 |
| 3 | 税金及附加 | 65 400.00 |
| 4 | 销售费用 | 8 456.50 |
| 5 | 管理费用 | 125 460.00 |
| 6 | 财务费用 | 12 543.85 |
| 7 | 资产减值损失 | 0.00 |
| 8 | 公允价值变动收益 | 0.00 |
| 9 | 投资收益 | 0.00 |
| 10 | 所得税费用 | 12 560.25 |
| 11 | 营业外收入 | 1 800.00 |
| 12 | 营业外支出 | 894.65 |

（25）12 月资产负债表如表 7-12 所示：

表 7-12　　　　　　　　　　资产负债表

编制单位：　　　　　编制日期：　　年　月　日　　　　　单位：元

| 资产 | 期初余额 | 期末余额 | 负债及所有者权益 | 期初余额 | 期末余额 |
|---|---|---|---|---|---|
| 货币资金 | | | 短期借款 | | |
| 交易性金融资产 | | | 应付票据 | | |
| 应收票据 | | | 应付账款 | | |
| 应收账款净额 | | | 预收账款 | | |
| 预付账款 | | | 应付职工薪酬 | | |
| 应收利息 | | | 应交税费 | | |
| 应收股利 | | | 应付利息 | | |
| 其他应收款 | | | 应付股利 | | |
| 存货 | | | 其他应付款 | | |
| 一年到期的非流动资产 | | | 一年到期的非流动负债 | | |
| | | | | | |
| | | | | | |

表 7-12（续）

| 资产 | 期初余额 | 期末余额 | 负债及所有者权益 | 期初余额 | 期末余额 |
|---|---|---|---|---|---|
| 流动资产合计 | | | 流动负债合计 | | |
| 可供出售金融资产 | | | 长期借款 | | |
| 持有至到期投资 | | | 应付债券 | | |
| 长期应收款 | | | 长期应付款 | | |
| 长期股权投资 | | | 专项应付款 | | |
| 固定资产净值 | | | 非流动负债合计 | | |
| 在建工程 | | | 实收资本 | | |
| 工程物资 | | | 资本公积 | | |
| 固定资产清理 | | | 盈余公积 | | |
| 无形资产 | | | 未分配利润 | | |
| | | | | | |
| | | | | | |
| 非流动资产合计 | | | 所有者权益 | | |
| 资产总计 | | | 负债及所有者权益总计 | | |

## 三、实训要求

1. 根据当月发生的经济业务，正确地编制记账凭证。
2. 正确地编制本月科目余额表。
3. 正确地编制本月利润表。
4. 正确地编制本月资产负债表。
5. 正确地登记总分类账。

## 四、实训工具

1. 准备记账凭证 40 张。
2. 准备总账 40 张。
3. 准备三栏式明细账 20 张、十七栏式明细账 8 张、进销存（数量金额式）明细账 6 张、固定资产明细账 20 张、应交增值税明细账 2 张、库存现金日记账 1 张、银行存款日记账 1 张。
4. 准备剪刀 1 把，胶水 1 瓶，直尺 1 把。

# 附　录　实训所用会计凭证和会计账簿

## 一、记账凭证

**记账凭证**

年　月　日　　　　　　　　　　　　　　　　字第　号

| 摘要 | 会计科目 | 借方 | | | | | | | | | 贷方 | | | | | | | | | 记账 |
|---|---|---|---|---|---|---|---|---|---|---|---|---|---|---|---|---|---|---|---|---|
| | | 十 | 万 | 千 | 百 | 十 | 元 | 角 | 分 | 十 | 万 | 千 | 百 | 十 | 元 | 角 | 分 | | |
| | | | | | | | | | | | | | | | | | | | |
| | | | | | | | | | | | | | | | | | | | |
| | | | | | | | | | | | | | | | | | | | |
| | | | | | | | | | | | | | | | | | | | |
| | | | | | | | | | | | | | | | | | | | |
| | | | | | | | | | | | | | | | | | | | |
| | | | | | | | | | | | | | | | | | | | |
| 附件　张 | 合　计 | | | | | | | | | | | | | | | | | | |

会计主管：　　　　　　记账：　　　　　　审核：　　　　　　制单：

二、三栏式明细账

账户名称：

分类账

| 年 | | 凭证号码 | 摘要 | 借方 | | | | | | | | √ | 贷方 | | | | | | | | √ | 借或贷 | 余额 | | | | | | | | 核对 |
|---|---|---|---|---|---|---|---|---|---|---|---|---|---|---|---|---|---|---|---|---|---|---|---|---|---|---|---|---|---|---|---|
| 月 | 日 | | | 百 | 十 | 万 | 千 | 百 | 十 | 元 | 角 | 分 | | 百 | 十 | 万 | 千 | 百 | 十 | 元 | 角 | 分 | | 百 | 十 | 万 | 千 | 百 | 十 | 元 | 角 | 分 | |
| | | | | | | | | | | | | | | | | | | | | | | | | | | | | | | | | |
| | | | | | | | | | | | | | | | | | | | | | | | | | | | | | | | | |
| | | | | | | | | | | | | | | | | | | | | | | | | | | | | | | | | |
| | | | | | | | | | | | | | | | | | | | | | | | | | | | | | | | | |
| | | | | | | | | | | | | | | | | | | | | | | | | | | | | | | | | |
| | | | | | | | | | | | | | | | | | | | | | | | | | | | | | | | | |

| 账号 | |
|---|---|
| 页次 | 总页码 |

## 三、多栏式明细账

| 账号 | 总页码 |
|---|---|
| 页次 | |

| 年 | | 凭证号码 | 摘要 | 合计 | | | | | | | | | 1 | | | | | | | | | 2 | | | | | | | | | 3 | | | | | | | | | 4 | | | | | | | | |
|---|---|---|---|---|---|---|---|---|---|---|---|---|---|---|---|---|---|---|---|---|---|---|---|---|---|---|---|---|---|---|---|---|---|---|---|---|---|---|---|---|---|---|---|---|---|---|---|---|
| 月 | 日 | | | 百 | 十 | 万 | 千 | 百 | 十 | 元 | 角 | 分 | 百 | 十 | 万 | 千 | 百 | 十 | 元 | 角 | 分 | 百 | 十 | 万 | 千 | 百 | 十 | 元 | 角 | 分 | 百 | 十 | 万 | 千 | 百 | 十 | 元 | 角 | 分 | 百 | 十 | 万 | 千 | 百 | 十 | 元 | 角 | 分 |
| | | | | | | | | | | | | | | | | | | | | | | | | | | | | | | | | | | | | | | | | | | | | | | | | |
| | | | | | | | | | | | | | | | | | | | | | | | | | | | | | | | | | | | | | | | | | | | | | | | | |
| | | | | | | | | | | | | | | | | | | | | | | | | | | | | | | | | | | | | | | | | | | | | | | | | |
| | | | | | | | | | | | | | | | | | | | | | | | | | | | | | | | | | | | | | | | | | | | | | | | | |
| | | | | | | | | | | | | | | | | | | | | | | | | | | | | | | | | | | | | | | | | | | | | | | | | |
| | | | | | | | | | | | | | | | | | | | | | | | | | | | | | | | | | | | | | | | | | | | | | | | | |
| | | | | | | | | | | | | | | | | | | | | | | | | | | | | | | | | | | | | | | | | | | | | | | | | |
| | | | | | | | | | | | | | | | | | | | | | | | | | | | | | | | | | | | | | | | | | | | | | | | | |

| 账号 | 总页码 |
|---|---|
| 页次 | |

| 5 | | | | | | | | | 6 | | | | | | | | | 7 | | | | | | | | | 8 | | | | | | | | | 9 | | | | | | | | | 10 | | | | | | | | | 11 | | | | | | | | |
|---|---|---|---|---|---|---|---|---|---|---|---|---|---|---|---|---|---|---|---|---|---|---|---|---|---|---|---|---|---|---|---|---|---|---|---|---|---|---|---|---|---|---|---|---|---|---|---|---|---|---|---|---|---|---|---|---|---|---|---|---|---|---|
| 百 | 十 | 万 | 千 | 百 | 十 | 元 | 角 | 分 | 百 | 十 | 万 | 千 | 百 | 十 | 元 | 角 | 分 | 百 | 十 | 万 | 千 | 百 | 十 | 元 | 角 | 分 | 百 | 十 | 万 | 千 | 百 | 十 | 元 | 角 | 分 | 百 | 十 | 万 | 千 | 百 | 十 | 元 | 角 | 分 | 百 | 十 | 万 | 千 | 百 | 十 | 元 | 角 | 分 | 百 | 十 | 万 | 千 | 百 | 十 | 元 | 角 | 分 |
| | | | | | | | | | | | | | | | | | | | | | | | | | | | | | | | | | | | | | | | | | | | | | | | | | | | | | | | | | | | | | | |
| | | | | | | | | | | | | | | | | | | | | | | | | | | | | | | | | | | | | | | | | | | | | | | | | | | | | | | | | | | | | | | |
| | | | | | | | | | | | | | | | | | | | | | | | | | | | | | | | | | | | | | | | | | | | | | | | | | | | | | | | | | | | | | | |
| | | | | | | | | | | | | | | | | | | | | | | | | | | | | | | | | | | | | | | | | | | | | | | | | | | | | | | | | | | | | | | |
| | | | | | | | | | | | | | | | | | | | | | | | | | | | | | | | | | | | | | | | | | | | | | | | | | | | | | | | | | | | | | | |
| | | | | | | | | | | | | | | | | | | | | | | | | | | | | | | | | | | | | | | | | | | | | | | | | | | | | | | | | | | | | | | |
| | | | | | | | | | | | | | | | | | | | | | | | | | | | | | | | | | | | | | | | | | | | | | | | | | | | | | | | | | | | | | | |

四、总分类账

**总　账**

账户名称：

| | | 账号 | |
|---|---|---|---|
| | | 页次 | 总页码 |

| 年 | | 摘要 | 借　方 | | | | | | | | | ∨ | 贷　方 | | | | | | | | | 借或贷 | ∨ | 余　额 | | | | | | | | | 核对 |
|---|---|---|---|---|---|---|---|---|---|---|---|---|---|---|---|---|---|---|---|---|---|---|---|---|---|---|---|---|---|---|---|---|---|---|
| 月 | 日 | | 百 | 十 | 万 | 千 | 百 | 十 | 元 | 角 | 分 | | 百 | 十 | 万 | 千 | 百 | 十 | 元 | 角 | 分 | | | 百 | 十 | 万 | 千 | 百 | 十 | 元 | 角 | 分 | |
| | | | | | | | | | | | | | | | | | | | | | | | | | | | | | | | | | |
| | | | | | | | | | | | | | | | | | | | | | | | | | | | | | | | | | |
| | | | | | | | | | | | | | | | | | | | | | | | | | | | | | | | | | |
| | | | | | | | | | | | | | | | | | | | | | | | | | | | | | | | | | |
| | | | | | | | | | | | | | | | | | | | | | | | | | | | | | | | | | |
| | | | | | | | | | | | | | | | | | | | | | | | | | | | | | | | | | |
| | | | | | | | | | | | | | | | | | | | | | | | | | | | | | | | | | |

# 五、进销存明细账（数量金额式明细账）

最高存量：

最低存量：

明细科目：

品名：　　类别：　　存放地点：　　规格：　　计量单位：　　编号：

账号　　总页码

页次

| 年 | | 凭证号码 | 摘要 | 借方 | | | | | | | | | | | | √ | 贷方 | | | | | | | | | | | | | √ | 借或贷 | 余额 | | | | | | | | | | | | | 核对 |
| 月 | 日 | | | 数量 | 单价 | 金额 | | | | | | | | | | | | 数量 | 单价 | 金额 | | | | | | | | | | | | | | 数量 | 单价 | 金额 | | | | | | | | | | | | |
| | | | | | | 百 | 十 | 万 | 千 | 百 | 十 | 元 | 角 | 分 | | | | | 百 | 十 | 万 | 千 | 百 | 十 | 元 | 角 | 分 | | | | | | 百 | 十 | 万 | 千 | 百 | 十 | 元 | 角 | 分 | |
| | | | | | | | | | | | | | | | | | | | | | | | | | | | | | | | | | | | | | | | | | | | |
| | | | | | | | | | | | | | | | | | | | | | | | | | | | | | | | | | | | | | | | | | | | |
| | | | | | | | | | | | | | | | | | | | | | | | | | | | | | | | | | | | | | | | | | | | |
| | | | | | | | | | | | | | | | | | | | | | | | | | | | | | | | | | | | | | | | | | | | |

六、固定资产明细账

固定资产明细账

资产编号：　　　　资产名称：　　　　资产类别：
使用部门：　　　　使用状况：　　　　使用年限：
月折旧率：　　　　净残值率：　　　　开始使用时间：
折旧方法：　　　　数　量：　　　　　净残值：

| 年 | | 凭证号码 | 摘要 | 原值 | | | | | | | | | | | | | | | | | | | 累计折旧 | | | | | | | | | | | | | | | | | | | | | 净值 | | | | | | | |
|---|---|---|---|---|---|---|---|---|---|---|---|---|---|---|---|---|---|---|---|---|---|---|---|---|---|---|---|---|---|---|---|---|---|---|---|---|---|---|---|---|---|---|---|---|---|---|---|---|---|---|---|---|
| 月 | 日 | | | 借方 | | | | | | | 贷方 | | | | | | | 余额 | | | | | | 借方 | | | | | | | 贷方 | | | | | | | 余额 | | | | | | | 净值 | | | | | | | |
| | | | | 万 | 千 | 百 | 十 | 元 | 角 | 分 | 万 | 千 | 百 | 十 | 元 | 角 | 分 | 万 | 千 | 百 | 十 | 元 | 角 | 分 | 万 | 千 | 百 | 十 | 元 | 角 | 分 | 万 | 千 | 百 | 十 | 元 | 角 | 分 | 万 | 千 | 百 | 十 | 元 | 角 | 分 | 万 | 千 | 百 | 十 | 元 | 角 | 分 |

七、库存现金日记账

_____ 日记账

| 年 | | 凭证号码 | 摘要 | 对方科目 | 借方 | | | | | | | | | 贷方 | | | | | | | | | 借或贷 | 余额 | | | | | | | | |
|---|---|---|---|---|---|---|---|---|---|---|---|---|---|---|---|---|---|---|---|---|---|---|---|---|---|---|---|---|---|---|---|---|
| 月 | 日 | | | | 十 | 万 | 千 | 百 | 十 | 元 | 角 | 分 | | 十 | 万 | 千 | 百 | 十 | 元 | 角 | 分 | | 十 | 万 | 千 | 百 | 十 | 元 | 角 | 分 | | |
| | | | | | | | | | | | | | | | | | | | | | | | | | | | | | | | | |
| | | | | | | | | | | | | | | | | | | | | | | | | | | | | | | | | |
| | | | | | | | | | | | | | | | | | | | | | | | | | | | | | | | | |
| | | | | | | | | | | | | | | | | | | | | | | | | | | | | | | | | |
| | | | | | | | | | | | | | | | | | | | | | | | | | | | | | | | | |
| | | | | | | | | | | | | | | | | | | | | | | | | | | | | | | | | |
| | | | | | | | | | | | | | | | | | | | | | | | | | | | | | | | | |
| | | | | | | | | | | | | | | | | | | | | | | | | | | | | | | | | |

账号 _____ 总页码 _____
页次 _____

八、银行存款日记账

日记账

账号
页次

总页码

| 年 | | 凭证号码 | 摘要 | 对方科目 | 借 方 | | | | | | | | | 贷 方 | | | | | | | | | 借或贷 | 余 额 | | | | | | | | |
|---|---|---|---|---|---|---|---|---|---|---|---|---|---|---|---|---|---|---|---|---|---|---|---|---|---|---|---|---|---|---|---|---|
| 月 | 日 | | | | 十 | 万 | 千 | 百 | 十 | 元 | 角 | 分 | | 十 | 万 | 千 | 百 | 十 | 元 | 角 | 分 | | | 十 | 万 | 千 | 百 | 十 | 元 | 角 | 分 | |
| | | | | | | | | | | | | | | | | | | | | | | | | | | | | | | | | |
| | | | | | | | | | | | | | | | | | | | | | | | | | | | | | | | | |
| | | | | | | | | | | | | | | | | | | | | | | | | | | | | | | | | |
| | | | | | | | | | | | | | | | | | | | | | | | | | | | | | | | | |
| | | | | | | | | | | | | | | | | | | | | | | | | | | | | | | | | |
| | | | | | | | | | | | | | | | | | | | | | | | | | | | | | | | | |
| | | | | | | | | | | | | | | | | | | | | | | | | | | | | | | | | |
| | | | | | | | | | | | | | | | | | | | | | | | | | | | | | | | | |
| | | | | | | | | | | | | | | | | | | | | | | | | | | | | | | | | |
| | | | | | | | | | | | | | | | | | | | | | | | | | | | | | | | | |
| | | | | | | | | | | | | | | | | | | | | | | | | | | | | | | | | |

# 九、应交增值税明细账

| 总页次 | 账号 |
|---|---|
|  | 页次 |

| 年 | | 凭证号码 | 摘要 | 借方 | | | | | | | | | | | | | | | | | | | | | | | | | | | |
|---|---|---|---|---|---|---|---|---|---|---|---|---|---|---|---|---|---|---|---|---|---|---|---|---|---|---|---|---|---|---|---|
| 月 | 日 | | | 合计 | | | | | | | | 进项税额 | | | | | | | | 已交税金 | | | | | | | | 出口抵减内销产品应纳税额 | | | | | | | 转出未交增值税 | | | | | | |
| | | | | 万 | 千 | 百 | 十 | 元 | 角 | 分 | 万 | 千 | 百 | 十 | 元 | 角 | 分 | 万 | 千 | 百 | 十 | 元 | 角 | 分 | 万 | 千 | 百 | 十 | 元 | 角 | 分 | 万 | 千 | 百 | 十 | 元 | 角 | 分 |

| 账号 | | 总页码 | |
|---|---|---|---|
| 页次 | | | |

| 合计 | | | | | | | | 贷方 | | | | | | | | | | | | | | | | | | | | | | | 借或贷 | 余额 | | | | | | | |
|---|---|---|---|---|---|---|---|---|---|---|---|---|---|---|---|---|---|---|---|---|---|---|---|---|---|---|---|---|---|---|---|---|---|---|---|---|---|---|---|---|
| | | | | | | | | 销项税额 | | | | | | | | 进项税额转出 | | | | | | | | 出口退税 | | | | | | | | 转出多交增值税 | | | | | | | | | | |
| 万 | 千 | 百 | 十 | 元 | 角 | 分 | | 万 | 千 | 百 | 十 | 元 | 角 | 分 | | 万 | 千 | 百 | 十 | 元 | 角 | 分 | | 万 | 千 | 百 | 十 | 元 | 角 | 分 | | 万 | 千 | 百 | 十 | 元 | 角 | 分 | | 万 | 千 | 百 | 十 | 元 | 角 | 分 |